Walther Ziegler

Sartre
en 60 minutes

traduit par
Alexander Reynolds

Merci à Rudolf Aichner pour son infatigable travail de rédaction critique, à Silke Ruthenberg pour la finesse de son graphisme, à Angela Schumitz, Lydia Pointvogl, Eva Amberger, Christiane Hüttner, Dr. Martin Engler pour leur relecture attentive, et à Bruno Rousselet, qui a effectué une dernière relecture linguistique et scientifique du texte français. Je remercie aussi monsieur le Professeur Guntram Knapp à qui je dois ma passion pour la philosophie.

Je tiens à remercier tout particulièrement mon traducteur

Dr. Alexander Reynolds

Lui-même philosophe, il a traduit en français, avec soin et précision, mon texte allemand, le complétant là où nécessaire de passages adaptés spécifiquement aux besoins des lecteurs et lectrices francophones.

Informations bibliographiques de la Bibliothèque nationale de France :
Cette publication est référencée dans la bibliographie nationale de la Bibliothèque nationale de France.
Les informations bibliographiques détaillées sont disponibles sur internet : www.bnf.fr
© 2019 Dr. Walther Ziegler

Première édition janvier 2019
Conception graphique du contenu et de la couverture: Silke Ruthenberg avec des illustrations de:
Raphael Bräsecke, Creactive - Atelier de publicité, bande dessinée & d'illustrations (dessins)
© JackF - Fotolia.com (cadres)
© Valerie Potapova - Fotolia.com (cadres)
© Svetlana Gryankina - Fotolia.com (bulles entourant les citations)
Édition: BoD – Books on Demand, 12/14 rond-point des Champs Élysées, 75 008 Paris
Impression: BoD – Books on Demand, Norderstedt, Allemagne

ISBN : 9782-3-2210-971-5
Dépôt légal : janvier 2019

Table des matières

La grande découverte de Sartre   7

La pensée centrale de Sartre   15

    L'homme est condamné à être libre   15

    Liberté et culpabilité   20

    La liberté comme extase et dépassement   25

    Le « pour-soi » et l'« en-soi »   31

    Les trois extases de la temporalité   34

    La mauvaise foi   42

    Le néant   47

    « Regarder » et « être-regardé »   54

    La honte sous le regard de l'Autre   61

    L'« être-pour-autrui » en tant que lutte pour la reconnaissance   68

    L'amour comme dépassement de la lutte ?   72

    Liberté absolue et responsabilité absolue   80

À quoi nous sert aujourd'hui la découverte de Sartre ?   84

    Sortir de la mauvaise foi –
suivre son propre chemin   84

    Ne pas se contenter de rêver –
réaliser ses idées   90

    Ne pas hésiter à changer
sa façon de penser   94

    Le personnel est politique –
le courage d'intervenir   98

Index des citations   **105**

La grande découverte de Sartre

L'existentialiste français Jean-Paul Sartre (1905-1980) est l'un des philosophes majeurs du 20ème siècle. Sa thèse selon laquelle l'homme est « condamné à être libre » lui a valu une renommée mondiale. Son appel à cesser, face à la certitude de la mort, de croire à un « au-delà » céleste et à construire librement et résolument sa vie dans l'« ici-bas » est devenu la profession de foi de toute une génération :

L'homme n'est rien d'autre que ce qu'il se fait. Tel est le premier principe de l'existentialisme. ²

La « philosophie de l'existence » enseignée par Sartre a exercé son influence bien au-delà du débat universitaire : elle s'est étendue sur toute la civilisation occidentale de l'après-guerre, et tout particulièrement sur la jeunesse de l'Europe.

Pour cette jeunesse des années '50 et '60, l'existentialisme est vite devenu un style de vie : lycéens, étudiants, artistes et autres « engoués » de cette nouvelle vision du monde se retrouvaient régulièrement dans les cafés des grandes villes. Ces cercles de débat, ouverts sans distinction aux femmes et aux hommes, donnèrent naissance à une culture de jeunes d'un genre jamais vu auparavant. Pour affirmer leur attitude existentialiste, les jeunes qui formaient ces cercles portaient des vêtements sombres et, en hommage à Sartre lui-même, des lunettes d'écaille. La devise des existentialistes était : « Ne te laisse dicter tes actions par personne ; fais tes propres choix et ne renie pas ceux-ci après coup ; vis ta vie d'une manière franche et intense, qu'il s'agisse de tes relations amoureuses, amicales, ou de tes engagements politiques ».

Sartre a mis l'accent sur ce dernier aspect ; il a insisté sur le fait qu'il ne s'agit pas seulement, chez l'existentialiste, d'une réalisation de soi individuelle, mais aussi d'un appel à l'engagement social :

> Et quand nous disons que l'homme est responsable de lui-même, nous ne voulons pas dire que l'homme est responsable de sa stricte individualité, mais qu'il est responsable de tous les hommes.[3]

Ainsi, les existentialistes ont prêté leur soutien tant aux protestations contre les guerres coloniales de la France en Algérie et en Indochine qu'aux manifestations, quelques années plus tard, contre l'impérialisme américain au Vietnam. Refusant l'éthique bourgeoise, ils faisaient souvent aussi l'expérience de l'« amour libre ». La relation entretenue par Sartre lui-même avec la compagne de toute sa vie, Simone de Beauvoir, était en effet une « relation libre » de ce genre ; chacun de son côté prenait de temps en temps d'autres amant(e)s, sans pour autant remettre en question la liaison intime et profonde qui les unissait l'un à l'autre. Ils ont même conclu entre eux un « contrat de liberté et de franchise » dans lequel ils ont annoncé leur rejet de toutes les conventions bourgeoises portant sur la monogamie, tout en s'engageant à rester toujours un soutien ferme et fiable l'un pour l'autre.

Outre ses ouvrages philosophiques, Sartre a aussi écrit plusieurs romans et pièces de théâtre. Mais avant tout il s'est engagé en tant qu'intellectuel politique, créant d'innombrables pétitions et prônant, après une alliance de quatre ans avec le Parti Communiste Français, une pensée de gauche proche des idéaux maoïstes. En 1957, lors de son appel public pour l'indépendance de l'Algérie, dans lequel il exhorta les soldats français à refuser le service militaire dans la colonie en révolte, son appartement fut complètement détruit par un attentat à la bombe revendiqué par les forces nationalistes en colère contre Sartre pour ces déclarations.

En outre, il chercha le dialogue, tout au long de sa vie, avec des révolutionnaires et des exclus de l'ordre bourgeois, rendant visite à Che Guevara, Fidel Castro, Mao Zedong et – à plus de soixante-dix ans – aux membres emprisonnés de la bande à Baader-Meinhof. Pendant la visite rendue à ces derniers, il protesta vigoureusement, malgré son âge avancé et sa vue défaillante, contre les conditions d'isolement dans lesquelles Baader, Meinhof et les autres étaient détenus.

Comme beaucoup de ses contemporains existentialistes, Sartre était un gros fumeur. Aujourd'hui encore, la carte du café parisien dont Sartre était un habitué célèbre, le Café de Flore à Saint-Germain-des-Prés, propose un « petit-déjeuner existentialiste » pour la modique somme de deux euros. Une offre qui paraît très alléchante jusqu'à ce que l'on apprenne que le « petit-déjeuner » en question ne se compose que d'un café serré et d'une cigarette sans filtre. Mais c'est précisément ce purisme – limiter son petit-déjeuner à l'essentiel et renoncer à tout accessoire bourgeois – qui faisait partie de l'attitude existentialiste. C'est dans le même esprit que Sartre refusa le Prix Nobel de Littérature, qui relevait pour lui du faste bourgeois.

Pour les existentialistes, le souci de la sécurité, de la possession ou du confort était digne de mépris et incarnait une absence totale de liberté. La vie de Sartre s'accordait parfaitement avec cette doctrine : son domicile préféré resta, pendant toute sa vie, une sobre chambre d'hôtel. Il se faisait presque un point d'honneur de rédiger ses œuvres littéraires et philosophiques sur des tables qui ne lui appartenaient pas.

Sartre, il est vrai, craignait quelquefois, au sommet de sa renommée, que le « personnage culte » qu'il était devenu pour une certaine jeunesse puisse dissuader les philosophes académiques de se pencher sérieusement sur ses œuvres. Mais ses craintes ne se sont pas réalisées. Son chef-d'œuvre, paru en 1943 sous le titre « L'Être et Le Néant », est encore perçu comme un événement majeur dans l'histoire de la philosophie. Dans ce livre, Sartre enseigne que l'essence ultime de l'homme consiste dans sa liberté. Aucun philosophe avant ni après lui n'a accordé une importance si capitale à la liberté de choix de l'individu :

La liberté est totale et infinie [...]. Les seules limites que la liberté heurte à chaque instant, ce sont celles qu'elle s'impose à elle-même [...]. [4]

Jusqu'à aujourd'hui, Sartre est présenté comme le philosophe de la liberté par excellence. Mais ce ne fut pas son unique thème. Sartre fit une deuxième découverte de la plus grande importance. Il fut l'un des tout premiers philosophes à étudier la structure des relations humaines. Il analysa, entre autres, le phénomène de l'amour. Les résultats de son analyse ne manquent pas d'étonner : l'être humain dépend, au niveau le plus fondamental ou « existentiel », de ses semblables, puisque ce n'est que moyennant l'amour, le respect, et les réactions des autres que l'individu peut se former un sentiment et une idée de soi. Sartre enseigne que la reconnaissance librement accordée par nos semblables forme le fondement même de notre existence. Ce qui n'empêche pas que ce jugement d'autrui devient forcément, en tant que facteur non maîtrisable, un « danger » aux yeux de l'individu :

> Nous avons marqué, en effet, que la liberté d'autrui est fondement de mon être. Mais précisément parce que j'existe par la liberté d'autrui, je n'ai aucune sécurité, je suis en danger dans cette liberté. [5]

Ce danger – que Sartre qualifie d'« ontologique » – prend la forme suivante : l'individu a besoin de la reconnaissance d'autrui mais ne peut jamais en avoir la parfaite assurance, puisqu'autrui est libre par définition et qu'il est toujours possible qu'autrui nous la refuse. Même une relation amoureuse dans laquelle les amants se jurent réciproquement une reconnaissance inconditionnelle peut entrer en crise et la reconnaissance réciproque peut s'effondrer. L'homme se trouve donc, dit Sartre, dans une « lutte des consciences » ininterrompue où il s'agit de se garantir la reconnaissance d'autrui. Puisqu'une telle lutte appartient à la structure même de l'être humain, Sartre en tire la conclusion provocante :

Le conflit est le sens originel de l'être-pour-autrui. [6]

La question mérite cependant une analyse plus profonde. N'existe-t-il pour l'être humain aucune manière de sortir de cette lutte pour la reconnaissance ? La solution que semble offrir l'amour n'est-elle qu'un leurre ? Et surtout : qu'en est-il de notre liberté individuelle si celle-ci dépend d'une assurance qui ne peut être tirée que de l'assentiment d'autrui ? Pour un être radicalement dépendant, la « liberté » existe-elle au vrai sens du mot ?

La pensée centrale de Sartre

L'homme est condamné à être libre

Sartre ne se contente pas de dire que l'homme est essentiellement libre dans ses décisions. Une formule qui compte parmi ses plus célèbres donne au thème de la liberté une tournure paradoxale et provocante : l'homme, dit Sartre, est « condamné à être libre » ; ni les prédispositions héritées ni l'éducation reçue (ou négligée) ne peuvent mettre de limites à la liberté de l'individu. Celui-ci est condamné à une liberté absolue, c'est-à-dire contraint à chaque instant de réfléchir à ce qui est – et ce qui n'est pas – à faire. C'est là une structure, dit Sartre, qui fait partie de l'essence même de l'être humain ; celui-ci ne vient pas d'abord au monde pour ne gagner qu'après coup sa liberté ; au contraire, cette liberté lui est inhérente dès les premiers instants de son existence :

> L'homme n'est point d'abord pour être libre ensuite, mais il n'y a pas de différence entre l'être de l'homme et son « être-libre ». [7]

Que veut dire Sartre ici ? Il veut dire qu'il appartient nécessairement à la nature humaine que l'individu fasse des projets pour sa propre vie et qu'il construise ensuite celle-ci d'après sa propre idée. Il nous faut, pour ainsi dire, « nous inventer » de fond en comble, jusqu'à notre position sociale, notre caractère et même notre corps.

Sartre sait bien sûr que personne ne peut décider de naître riche ou pauvre. Il n'ignore pas non plus qu'il existe des prédispositions génétiques sur lesquelles nous n'avons aucune influence comme la couleur des yeux ou des cheveux, le talent musical ou la taille corporelle. Lui-même, par exemple, ne mesurait que 156 centimètres. Et il savait aussi que nous venons tous au monde avec des forces et des faiblesses que nous n'avons pas choisies. Et pourtant, selon Sartre, même des propriétés physiques ou des traits de caractère innés ne nous empêchent pas d'avoir une liberté absolue.

Car nous avons toujours l'opportunité de nous mettre en relation par rapport à ces dispositions naturelles et de nous comporter d'une certaine manière à leur égard. On peut par exemple considérer que la couleur de ses yeux, sa taille corporelle ou ses dons particuliers sont bons ou mauvais, beaux ou laids. Et l'on peut choisir librement de prendre sa petite taille comme excuse pour justifier une vie malheureuse, ou à l'inverse comme incitation à accomplir de grands actes. L'homme est donc toujours tel qu'il se projette lui-même :

L'homme n'est rien d'autre que son projet. Il n'existe que dans la mesure où il se réalise. [8]

Notre vie a donc fondamentalement quelque chose de provisoire et d'inachevé. À chaque seconde, nous nous réinventons et décidons de la direction dans laquelle nous voulons nous épanouir. Mais qu'en est-il de notre éducation, de nos origines, de nos premières expériences ? Ne sommes-nous pas marqués une fois pour toutes par le passé ? Pour qui, par exemple, n'a pas reçu une bonne éducation, beaucoup de chemins vers la réalisation de soi ne se trouvent-ils pas entravés dès le départ ? À ces arguments, Sartre oppose un « non » catégorique. Une enfance malheureuse, il veut bien l'admettre, peut servir de prétexte pour celui qui veut se suicider ; mais la même enfance malheureuse peut également affirmer la volonté de se construire une vie d'adulte réussie et heureuse. Sartre reste sceptique à l'égard de cette théorie pédagogique selon laquelle l'éducation et les premières expériences infantiles sculpteraient une fois pour toutes l'homme et son caractère comme la main du potier sculpte la glaise. Sartre refuse même de valider la théorie des traumatismes et des tendances mues par les pulsions telle que Freud l'a découverte :

[Nous repoussons] également la théorie de la glaise docile et celle du faisceau de tendances […]. ⁹

Notre liberté est donc, pour Sartre, toujours et en toute circonstance une liberté absolue. Mais en même temps qu'un don, celle-ci est aussi un fardeau à porter. Être libre au sens absolu du terme veut dire : être soumis à l'obligation constante de se décider. Nous ne pouvons pas simplement nous laisser porter par la vie ; nous devons – au sens fort du mot – construire activement cette vie. Car l'homme n'a pas d'autre choix :

La pensée centrale de Sartre

[…] L'homme est condamné à être libre. Condamné, parce qu'il ne s'est pas créé lui-même ; et par ailleurs cependant libre, parce qu'une fois jeté dans le monde, il est responsable de tout ce qu'il fait. [10]

Puisque personne ne nous a demandé si nous voulions venir au monde sous forme de pierre, de fleur ou d'être humain, nous sommes condamnés à vivre avec notre liberté de décision.

Liberté et culpabilité

Nous touchons là au cœur de la philosophie de Sartre. Puisque l'homme est foncièrement libre et doit choisir, il ne peut que se rendre coupable. Peu importe que le choix soit bon ou mauvais – l'homme se rend coupable dans un cas comme dans l'autre, parce que saisir certaines possibilités implique toujours nécessairement de renoncer à d'autres :

Tout choix, nous le verrons, suppose élimination et sélection. [11]

Si je fais des études de philosophie, je ne peux plus devenir médecin ou astronaute ; si je me marie, je ne suis plus célibataire. Ainsi, devant l'autel, un jeune marié fera à son élue le serment de lui rester fidèle et renonce donc à choisir d'autres partenaires amoureux. Ce triste adieu à la possibilité de faire d'autres choix est célébré dans de nombreuses cultures par un

« enterrement de vie de garçon », une fête au cours de laquelle le futur marié jouit une dernière fois de sa liberté et peut tout se permettre avant de renoncer pour toujours à toute autre femme. Cependant, ce processus d'adieu ne se limite pas aux grandes décisions de la vie comme le choix d'un conjoint ou d'une profession ; il se fait tous les jours lors de mille situations quotidiennes. C'est la somme de ces choix, grands et petits, qui détermine la direction de notre vie. Consacrer du temps à lire ce livre sur Sartre et l'existentialisme, par exemple, c'est à nouveau faire un choix et renoncer au même moment à une sortie entre amis ou au cinéma. Toute décision est donc une sélection. Mais qu'en est-il si l'on refuse, si l'on ne choisit rien ? Sartre a également pris cette possibilité en considération :

Nous pouvons nous choisir comme fuyant, insaisissable, hésitant etc. ; nous pouvons même choisir de ne pas choisir. [12]

On peut donc effectivement choisir de ne pas choisir, mais dès cet instant, on a déjà fait un nouveau choix sans le vouloir. Si je ne m'engage pas dans une nouvelle relation ou vers un changement professionnel parce que je ne peux ou ne veux faire un choix, j'ai tout de même pris une décision : celle de poursuivre la vie que j'ai vécue jusqu'ici sans la changer. Cette décision, je ne peux que l'assumer au même titre qu'un nouvel but, une nouvelle fin :

La responsabilité de ces fins nous incombe. Quel que soit notre être, il est choix. [13]

Comme nous portons l'entière responsabilité de nos fins, nous nous rendons coupables. La culpabilité, chez Sartre, n'est pas une culpabilité morale comme la culpabilité d'avoir enfreint l'un des dix commandements ou une quelconque loi. Il ne s'agit pas non plus d'une culpabilité vis-à-vis de Dieu ou des autres hommes. C'est d'abord une culpabilité vis-à-vis de soi-même. Car en choisissant une profession, un compagnon ou un pays où vivre, nous nous privons de beaucoup d'autres possibilités. Pour Sartre, on ne peut pas éviter cette sorte de culpabilité – ou responsabilité – :

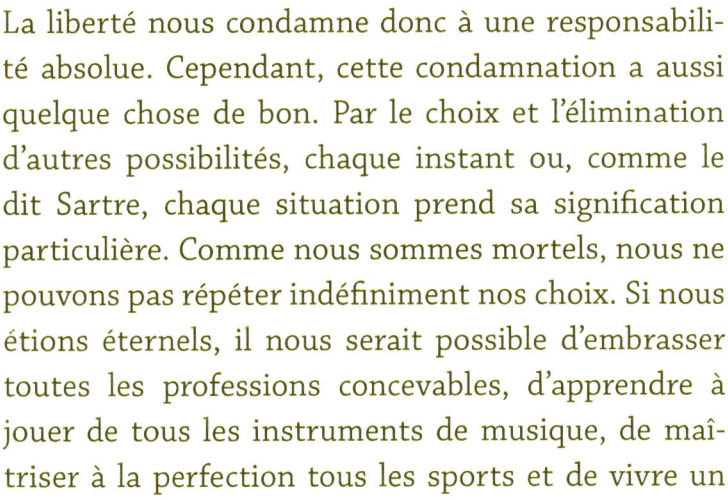

[L'homme] ne peut pas éviter de choisir : ou bien il restera chaste, ou il se mariera sans avoir d'enfants, ou il se mariera et aura des enfants ; de toute façon, quoi qu'il fasse, il est impossible qu'il ne prenne pas une responsabilité totale en face de ce problème. [14]

La liberté nous condamne donc à une responsabilité absolue. Cependant, cette condamnation a aussi quelque chose de bon. Par le choix et l'élimination d'autres possibilités, chaque instant ou, comme le dit Sartre, chaque situation prend sa signification particulière. Comme nous sommes mortels, nous ne pouvons pas répéter indéfiniment nos choix. Si nous étions éternels, il nous serait possible d'embrasser toutes les professions concevables, d'apprendre à jouer de tous les instruments de musique, de maîtriser à la perfection tous les sports et de vivre un nombre infini d'histoires d'amour. Tout serait quelconque puisque nous pourrions répéter n'importe quand chaque possibilité que nous laissons de côté. Mais comme en tant qu'êtres humains nous nous dirigeons vers la mort, chaque instant de notre vie est unique et irremplaçable. Et de fait, beaucoup d'occasions ne se présentent qu'une fois dans la vie. Mais même pour les petites décisions, la responsabilité nous incombe irrémédiablement face à notre existence.

La pensée centrale de la philosophie de Sartre se précise dès lors : la liberté est une triple condamnation. Premièrement, nous sommes jetés dans l'existence qui est liberté sans assentiment préalable ; deuxièmement, nous devons sans cesse faire des choix dans notre vie quotidienne en renonçant à d'autres possibilités ; et troisièmement, nous sommes condamnés à assumer la responsabilité de ces choix et à en endosser la culpabilité.

La pensée centrale de Sartre

La liberté comme extase et dépassement

La liberté fonde aussi la possibilité d'échouer. Une possibilité que n'ont pas, selon Sartre, la pierre ou la plante. Car la pierre n'existe pas, du moins pas au sens où Sartre emploie ce terme. La pierre est simplement présente. Elle ne prend pas de décisions. En revanche, ce que Sartre nomme « existence » est le fait de s'échapper vers la liberté, fait qui n'incombe pas à une pierre.

Sartre se réfère ici à la racine latine « ex-sistere » qui signifie « se tenir en dehors », « se projeter hors de ». Avec sa liberté, l'homme dépasse sa simple présence physique pour accéder à un espace transcendantal :

[...] L'essence de l'être humain est en suspens dans sa liberté. [15]

Qu'entend Sartre par là ? L'homme est « en suspens » dans la liberté dans la mesure où il doit adopter un point de vue d'observateur en dehors de lui-même en devenant son propre objet. À l'inverse de la pierre ou de la plante, l'homme est catapulté hors de l'ordre naturel – un affranchi de la nature auquel il incombe de se créer et de se choisir lui-même :

> L'homme se fait ; il n'est pas tout fait d'abord. 16

Il s'agit ici, dit Sartre, d'une qualité qui est propre à l'homme. Une tique, par exemple, trouve sa place précise et prédéterminée comme partie constituante d'un mécanisme de stimulus et réaction. Elle ne connaît pas de dépassement, pas d'extase au sens de l'existence. La tique est, comme le constatait le célèbre biologiste Jakob von Üexküll, imbriquée avec la nature dans un plan fonctionnel rigide. Sa perception du monde est restreinte dans des limites étroites. Elle dispose d'une perception de la hauteur qui lui permet de trouver sa place sur la branche d'un arbre, et d'un odorat très développé qui lui permet de percevoir la sueur de certains animaux à leur approche. La vue et l'ouïe, pourtant, lui manquent. Il peut arriver qu'une tique attende pendant des mois, sans nourriture, sur une branche avant qu'un chevreuil ne s'approche de l'arbre. L'odorat de la tique est tellement développé qu'elle peut isoler, guidée par l'odeur croissante de la sueur, l'instant précis auquel elle doit se laisser choir de la branche pour arriver entre les poils du chevreuil. Mais en se laissant choir de la branche à un instant précis, la tique ne fait pas de choix, ne prend pas de décision existentielle au sens de Sartre. Bien entendu, il est d'une importance cruciale pour la tique de saisir le bon moment. Si elle se laisse choir un peu trop tôt ou tôt tard, elle manquera peut-être son unique chance. Mais il ne s'agit pas là d'une « décision » au sens sartrien parce que cette action de se laisser choir ne s'accompagne d'aucune angoisse, pas même de nervosité. La tique se trouve contrainte de se laisser choir à l'instant précis où l'odeur de la sueur atteint une certaine intensité empiriquement déterminable. Et même si une rafale de vent lui fait manquer sa cible, la tique ne se fera pas de reproches pour autant puisqu'elle ne devient jamais un « objet pour elle-même ». La tique, dirait Sartre, ne possède pas de transcendance. Ce mot vient du latin « transcendere » qui veut dire « dépasser ». C'est cette capacité de « dépasser » l'ordre fixe et prédéterminé de la nature qui manque à la tique ; elle fait partie de cet ordre naturel. Pour emprunter la terminologie de Sartre, elle n'est qu'un « en-soi qui est ce qu'il est ». L'homme, par contre, est un « pour-soi » et, en tant que tel, « se projette » constamment dans son propre avenir. Son essence n'est pas définie, elle reste toujours à définir. C'est pourquoi Sartre peut dire :

L'homme est un être chez qui l'existence précède l'essence. [17]

Pour apprécier la signification de cette phrase, qui est souvent citée comme un résumé de toute la pensée sartrienne, il faut la lire dans son contexte – c'est-à-dire le contexte de l'histoire de la philosophie toute entière. En évoquant une « existence qui précède l'essence », Sartre s'est distancié de l'« essentialisme » qui avait caractérisé presque toute la tradition philosophique jusqu'à lui. Tous les philosophes qui l'avaient précédé – de Platon à Schelling en passant par Augustin – avaient, presque sans exception, enseigné la doctrine contraire, selon laquelle un ordre de réalités supposées « essentielles » précède et fonde toutes les existences particulières, y compris celle de l'individu humain. Platon, par exemple, accorde aux « Idées » une précédence absolue et inconditionnelle vis-à-vis de tous les individus concrets. Ceux-ci naissent et, tôt ou tard, meurent, mais celles-là forment un « ciel intelligible » qui est intemporel, éternel, divin. Le plus haut but auquel les êtres humains peuvent aspirer, dit Platon, est celui de « participer », pendant nos existences concrètes et mortelles, à ces Idées abstraites et éternelles. Il nous faut prendre celles-ci comme une sorte de boussole dans la conduite de nos vies. Ce n'est qu'ainsi, nous dit le grand philosophe grec, qu'un homme peut vivre « essentiellement ». On voit donc clairement quelle hiérarchie Platon, le père de toute la philosophie occidentale, a voulu établir entre essence et existence. Pour Platon, la première précède la seconde.

Sartre, nous l'avons vu, veut renverser cette hiérarchie qui avait été adoptée comme axiome inébranlable par presque tous les philosophes. Il développe une argumentation diamétralement opposée à celle de Platon : ce n'est qu'à travers les individus concrets, et les existences concrètes de ceux-ci, que les Idées

« essentielles » qui forment le « ciel intelligible » des philosophes acquièrent le peu de réalité qu'on peut leur imputer. À la base de tout, toujours, il y a un être humain concret qui se construit des idées et qui « se projette » son monde et lui-même. Sartre l'exprime sans ambiguïté :

> L'homme est d'abord un projet qui se vit subjectivement [...]. Rien n'existe préalablement à ce projet ; rien n'est au « ciel intelligible » ; et l'homme sera d'abord ce qu'il a projeté d'être. [18]

C'est ainsi que, pour Sartre, l'existence (c'est-à-dire l'individu réel et vivant) précède l'essence.

Le « pour-soi » et l'« en-soi »

C'est dans l'œuvre d'un grand prédécesseur dans la tradition philosophique, Hegel, que Sartre a trouvé les concepts-clés de « pour-soi » et d'« en-soi ». Il les adapte et les applique tout au long de son propre chef-d'œuvre, « L'Être et le Néant ». Ce que ces concepts décrivent est au fond très simple.

L'homme est le seul être capable d'assumer une « perspective de troisième personne » sur lui-même ; il est le seul être capable de devenir son propre juge. L'être humain demande des comptes à lui-même à propos de ses décisions, regrette celles-ci, et éprouve de la honte ou de l'orgueil à leur égard. Là où la pierre et la plante ne sont qu'« en soi » – des entités dépourvues de toute relation à leur propre être – l'homme est « pour soi ». Les concepts-clés de la philosophie de Sartre – « être humain », « liberté » et « pour-soi » – sont presque des synonymes ; il se sert tantôt de l'un, tantôt de l'autre pour évoquer une seule idée : que l'homme – et l'homme seul – est obligé de se soucier de lui-même, de se projeter un avenir, et d'assumer la responsabilité de ses actes. Et c'est avec ces concepts finalement assez simples que Sartre explique paradoxalement l'essence de la liberté humaine :

> Nous verrons que l'être du pour-soi se définit [...] comme étant ce qu'il n'est pas et n'étant pas ce qu'il est. [19]

Qui a compris cet énoncé a compris le cœur de toute la philosophie sartrienne. C'est une phrase qui, à première vue, désarçonne le lecteur. Il semble ne s'agir que d'un paradoxe provocant. Mais cet énoncé paradoxal exprime une idée très importante. Si, en lisant ce livre sur Sartre, vous pliez le coin d'une page pour marquer le point auquel vous êtes arrivé dans votre lecture, le livre y reste indifférent puisqu'il n'éprouve pas de douleur. Ou plutôt, qui dit « y reste indifférent » dit déjà trop : le livre n'est même pas capable de savoir ce qui lui arrive. Il n'est, comme dit Sartre, qu'un pur « en soi » qui est « ce qu'il est ». Mais l'existence humaine ne s'épuise jamais dans un tel « en soi ». Cette existence est toujours en même temps une existence « pour soi ». Ceci veut dire qu'elle ne peut pas se confondre avec, ni se dissoudre dans, une simple présence physique à un lieu donné et à un moment donné.

Même si on se pince le doigt, on ne se dissout jamais complètement dans la douleur qui en résulte. Tout en éprouvant cette douleur, l'être humain devient pour lui-même un objet d'observation et, en un clin d'œil, il aura commencé à réfléchir à la manière dont il aura à se projeter à nouveau pour porter remède à sa souffrance. C'est pourquoi l'être de l'homme ne se résume jamais tout à fait à ce qu'un individu se trouve être au moment présent. Chaque individu humain est déjà un peu ce qu'il sera à l'avenir. Le « pour soi » peut, à chaque moment, devenir quelque chose qu'il n'est pas. Ou il peut, au moins, se former le projet de cesser d'être ce qu'il est. C'est là le premier pas vers la compréhension de la phrase d'apparence purement paradoxale : « l'être du pour-soi se définit comme étant ce qu'il n'est pas (encore) et n'étant pas ce qu'il est (à l'instant même) ». L'être humain, pour le dire autrement, se devance toujours d'un pas. C'est dans ses remarques à propos de la temporalité que Sartre nous expose, d'une manière particulièrement frappante, cet aspect de sa pensée.

Les trois extases de la temporalité

Sartre distingue trois modes de perception du temps. Il les appelle les trois extases de la temporalité : le passé, le présent et le futur. Le « ex- » de ce mot « extase » évoque le même aspect de l'être humain que nous avons évoqué plus haut à propos du mot « exsistere » : l'être humain « se projette » dans les trois dimensions temporelles. Tout dépend ici, encore une fois, de la liberté. Nous sommes libres, dit Sartre, vis-à-vis du futur, du présent et du passé. La notion d'une liberté humaine vis-à-vis de l'avenir est sans doute la plus facile des trois à comprendre. Il est évident que l'individu peut toujours se projeter à nouveau dans l'avenir en formant des projets qui se rapportent à celui-ci. J'ai, par exemple – si je suis insatisfait de mon métier – la possibilité de faire une deuxième formation professionnelle pour réaliser le rêve d'être guide touristique dans des pays exotiques plutôt que comptable dans une entreprise. Je suis donc libre vis-à-vis de l'avenir.

Il est également facile de comprendre qu'on est libre vis-à-vis du moment présent. Grâce à ma liberté de décision, je peux former et transformer celui-ci selon ma volonté. Mais qu'en est-il du passé ? Une liberté vis-à-vis du passé semble, à première vue, être une idée dépourvue de sens, puisque le passé, c'est ce qui est révolu, fini, et qu'on ne peut pas changer après coup la vie qu'on a déjà vécue. On peut souhaiter avoir eu un passé plus beau ou plus heureux ; mais le souhait, semble-t-il, n'y change rien ; le passé reste ce qu'il était, ce qu'il est. Comment donc Sartre peut-il affirmer que nous sommes libres même vis-à-vis de notre passé ?

Sartre développe l'argumentation suivante : l'extase temporelle qui s'appelle « futur » ne se résume pas à ce que je vais faire à l'avenir. Le « futur » au sens existentiel s'étend en effet jusque dans le présent, et même jusque dans le passé, puisque la liberté dont je jouis vis-à-vis de l'avenir – la liberté de faire des projets, de choisir et de décider – exerce une influence sur mon « maintenant » et même sur mon « jadis ». Par exemple : si j'ai formé le projet de cesser, un jour, d'être comptable et de devenir architecte, il est probable que je commencerai dès aujourd'hui à faire des études d'architecture pendant mes heures de loisir. Ce projet, qui se rapporte essentiellement à l'avenir, n'en transformera pas moins ma vie présente. Il rendra plus facile à supporter mon quotidien ennuyeux de comptable, puisque je pourrai dorénavant regarder celui-ci comme un moyen d'atteindre une vie meilleure.

Le sens profond de cette thèse paradoxale – que le « pour-soi » n'est pas ce qu'il est – commence dès lors à devenir clair. L'existence d'un homme ne se résume pas à ce que cet homme a été, ni à ce qu'il est ; il consiste aussi dans ce qu'il n'est pas (encore) mais projette d'être. Le comptable qui projette de devenir architecte n'est plus, grâce à ce projet, seulement un comptable. Il est déjà un peu architecte, même s'il ne l'est pas encore au sens plein. C'est ainsi que l'avenir projeté d'une existence humaine s'avère capable de changer le présent. Mais Sartre va encore plus loin. Il dit que cette capacité de l'être humain de « se projeter » qui fait de lui un être qui « est ce qu'il n'est pas (encore) » le rend capable de transformer même ce qui est, par définition, achevé, révolu, et donc, à première vue, non susceptible d'être transformé, à savoir le passé :

> Moi seul, en effet, peux décider à chaque moment de la portée du passé ; [...] en me projetant vers mes buts, je sauve le passé avec moi et je décide, par l'action, de sa signification. [20]

Le passé est donc ce qui est achevé, révolu, fini et non susceptible d'être transformé. Mais ceci n'empêche pas, dit Sartre, qu'on peut, en « se projetant vers ses fins », transformer ou même renverser la signification du passé. Chaque fois que je change d'orientation vis-à-vis de mon avenir, ceci entraîne un agencement nouveau de tous les événements de mon passé. À l'instant où je me projette à nouveau vers un nouvel avenir, les événements de mon passé, comme les perles d'un collier dont la ficelle vient d'être rompue, s'éparpillent dans un chaos sans structure et sans séquence. Et il faut à chaque fois les réarranger sur la nouvelle ficelle du nouveau projet que je me serai donné pour mon existence future.

L'individu, par exemple, qui se met à se projeter comme futur architecte fait, dès ce moment-là, une expérience différente non seulement du moment présent mais aussi de son propre passé apparemment achevé et révolu. Peut-être lui a-t-on dit, quand il fut enfant, que son habitude de passer des heures à jouer avec ses blocs de construction en bois indiquait un manque d'aptitude pour des activités plus exigeantes ; peut-être a-t-il accepté, pendant toute sa vie, ce jugement négatif porté sur ses capacités ; peut-être a-t-il souffert, en conséquence, d'un mépris secret de lui-même. Mais, dès le moment où il commence à « se projeter » comme futur architecte, ces habitudes infantiles, longtemps méconnues et méprisées, deviennent des signes avant-coureurs d'une grande vocation. Inversement, d'autres aspects de son passé, auxquels il accordait une grande importance – son talent pour l'arithmétique, par exemple – deviennent tout à coup des détails marginaux et dépourvus de signification. Ses rencontres, pendant son enfance, avec un oncle riche, qui avaient jusqu'ici fait date dans sa vie puisque celui-ci occupait un poste dans une grande entreprise, ne figurent plus que dans l'arrière-plan de ses souvenirs. Le devant de la scène de sa jeunesse comme il se la raconte dorénavant est occupé par la découverte, un jour dans la bibliothèque de son père, d'un livre sur l'architecte espagnol Gaudí. Si Sartre affirme donc que nous choisissons librement non seulement notre présent et notre avenir mais également notre passé, c'est à ce « réagencement » permanent des événements déjà vécus à la lumière de nos projets qu'il se réfère :

Nous choisissons le monde – non dans sa contexture 'en-soi' mais dans sa signification – en nous choisissant. [21]

Sur le plan collectif, nos livres d'histoire sont de bons exemples de cette influence exercée par l'avenir, ou plutôt par les projets qui se rapportent à celui-ci, sur le passé. L'histoire du monde antique semble, à première vue, représenter le type même de l'« achevé », du « fini ». Mais l'histoire – même l'histoire grecque et romaine – est réécrite à chaque nouvelle génération. Les éditions des manuels scolaires se succèdent tous les quinze, vingt ans. C'est que le critère selon lequel on juge la « vérité historique » se transforme à chaque transformation de la société et selon les projets que celle-ci se donne à elle-même pour construire son propre avenir.

À l'époque, par exemple, où l'Allemagne était encore un pays divisé, l'histoire qui était écrite et enseignée dans sa partie orientale et « socialiste » était d'une tout autre nature que celle écrite et enseignée dans sa partie occidentale et « capitaliste ». La République Démocratique Allemande se disait un « État des ouvriers et des paysans ». Celui-ci était bâti sur le fondement du projet de créer un grand avenir pour ces deux classes sociales. Ce projet a aussi exercé une influence décisive sur la manière dont on a représenté le passé en RDA. Même l'époque éloignée d'Alexandre le Grand est tombée sous son emprise. Dans les écoles de l'Allemagne de l'Ouest, on enseignait que le héros

Alexandre vainquit des forces militaires perses d'une supériorité numérique énorme pour bâtir un grand royaume panhellénique. Mais le portrait du roi macédonien propagé par les institutions équivalentes de l'Allemagne de l'Est était celui d'un impérialiste poussé par une ambition inassouvissable d'assujettir tout un continent : Alexandre Ier, fils de Philippe II – enseignait-t-on dans les écoles de la RDA – fut un barbare brutal qui, avec son armée de mercenaires, avait réduit à l'état de ruines les villes précieuses et uniques de Suse et de Babylone, massacrant leurs populations et détruisant leurs beaux palais ; il avait anéanti le travail d'innombrables générations d'ouvriers et de paysans pour instaurer un empire militaire qui survécut à peine au tyran qui l'avait établi par la force des armes.

On comprend à la lumière de cet exemple comment la manière dont une société se projette un avenir peut aussi transformer le passé. À propos de l'essence du passé, Sartre dit littéralement :

Son sens lui vient de l'avenir qu'il préesquisse [...]. C'est que la seule force du passé lui vient du futur. [22]

Puisque le passé ne peut donc en aucune manière limiter notre liberté, Sartre réitère sa thèse radicale selon laquelle rien ne limite l'homme dans ses choix ; ni les prédispositions physiques, ni son éducation, ni les choses qui lui sont déjà arrivées dans la vie. L'homme est et reste absolument libre :

L'homme n'est rien d'autre que son projet […]. 23

La mauvaise foi

Le passé n'a donc pas d'emprise sur nous puisqu'à chaque fois que nous nous projetons à nouveau, tout nous apparaît sous une tout autre lumière :

> [...] Le projet fondamental que je suis décide absolument de la signification que peut avoir pour moi [...] le passé [...]. [24]

C'est la raison pour laquelle chacun de nous est responsable de sa propre vie. Sartre emploie un terme très caractéristique – la « mauvaise foi » – pour désigner toutes nos tentatives d'échapper à cette responsabilité en prétextant des facteurs supposés déterminants comme la constitution physique, les prédispositions, le milieu social, le hasard, etc. Pour Sartre, que l'on soit né dans un palais ou dans un taudis, dans un village ou dans une mégapole, est sans importance :

La pensée centrale de Sartre

C'est le futur qui décide si le passé est vivant ou mort. [25]

On dit souvent du poète Baudelaire qu'il a vécu toute sa vie dans l'ombre des expériences négatives de ses toutes premières années et que, par conséquent, il n'a pas eu la vie qu'il méritait. Sartre ne peut pas être d'accord avec un tel jugement. Il ne nie pas que le grand poète est resté toute sa vie un solitaire et un malheureux. Mais il insiste qu'il s'agissait au fond, chez Baudelaire, d'un choix de solitude et de malheur. Les faits de sa vie sont bien connus : Baudelaire adorait sa mère ; elle était pour lui presque toute sa raison d'être ; il se sentait uni à elle à tout jamais ; mais après son mariage en deuxièmes noces à un militaire renommé, elle l'a mis en internat – un tournant douloureux dans la vie émotionnelle du poète. Les psychanalystes ont vu dans le traumatisme de ce rejet maternel la racine de l'incapacité de Baudelaire à former des relations normales avec les femmes. Ses relations sexuelles se limitaient en effet presque exclusivement à des femmes prostituées et toutes ses autres liaisons sentimentales se sont terminées en échecs humiliants. Cette expérience d'être abandonné, trompé, trahi, qu'il vécut pour la première fois pendant son enfance vis-à-vis de sa mère tellement aimée, s'est répétée tout au long de sa vie. Dans son journal intime qu'il intitula « Mon cœur mis à nu », il écrit : « Sentiment de solitude, dès mon enfance. Malgré ma famille, et au milieu des camarades surtout, sentiment de destinée éternellement solitaire. »

Pour Sartre, ces explications ne sont que prétextes. On ne peut pas invoquer, dit Sartre, la séparation douloureuse d'avec la mère comme « cause » de la destinée éternellement solitaire du poète, puisque le fait accompli de cette séparation aurait pu devenir le fondement et le point de départ de toute une série de projets potentiels par lesquels Baudelaire aurait pu se projeter comme un homme différent de l'homme qu'il a choisi d'être. Il aurait pu se projeter comme quelqu'un que le délaissement maternel aurait mené à une indépendance saine et forte ; ou comme quelqu'un qui aurait réagi au lien coupé avec un être cher en nouant des liens solides avec ses semblables. Mais Baudelaire n'a choisi ni l'un ni l'autre de ces projets potentiels comme projet fondamental dans la construction de sa vie. La signification qu'il a choisi de donner à l'événement passé du délaissement maternel fut le point de départ d'une destinée éternellement solitaire. Si les seules relations amoureuses qu'il s'est permis de former étaient celles avec des femmes qu'il trouvait répugnantes, c'était parce qu'il trouvait dans cette répugnance un moyen de s'assurer de la vérité de cette vie qu'il s'était déjà projetée : la vie de celui pour lequel les relations humaines sont vouées à l'échec. Sa supposée destinée éternellement solitaire était une décision bien plus qu'une destinée :

> Il s'y précipite avec rage, [...] s'y enferme et, puisqu'on l'y a condamné, il veut du moins que la condamnation soit définitive. [26]

Pour Sartre, cela veut dire que Baudelaire a cédé à la « mauvaise foi ». Il critique de la même manière la théorie du complexe d'infériorité prônée par le psychanalyste Alfred Adler. Pour Sartre, il n'existe pas de complexe d'infériorité, mais seulement le choix d'un sentiment d'infériorité :

Mais un tel choix est lâche, car on se choisit impuissant pour ne pas avoir à courir le risque de prendre des décisions et d'en assumer la responsabilité. Sartre a proposé en effet une refondation de la psychanalyse dans un esprit existentialiste. La tâche d'une telle psychanalyse existentielle serait de reconnaître le projet fondamental qui domine la vie du patient et d'encourager celui-ci à s'orienter vers un projet fondamental plus authentique et donc plus sain.

Ainsi l'infériorité sentie et vécue est l'instrument choisi pour nous faire semblable à une chose, c'est-à-dire pour nous faire exister comme pur dehors au milieu du monde. [27]

La pensée centrale de Sartre

Le néant

L'œuvre de Sartre consiste au fond en une longue réitération, sous des angles toujours différents, de l'idée clé que rien ne peut entraver la liberté humaine. Mais cette idée, qui semble à première vue réjouissante, n'est que l'endroit d'une médaille dont l'envers est plutôt sombre et troublant. S'il n'y a rien qui nous limite, il n'y a rien non plus qui puisse nous être un soutien dans la conduite de nos existences, rien qui puisse nous guider et nous dire comment mener notre vie. Ou plutôt – et c'est là l'aspect le plus troublant – il n'y a rien, en dernière analyse, qui puisse nous dire pourquoi il faut choisir la vie au lieu de la mort. Car, comme le dit Sartre :

La décision de vivre est donc une décision qu'il faut prendre et reprendre chaque jour de sa vie. Sartre était athée. Il ne croyait pas en Dieu. Si quelqu'un, au milieu d'une prière ou d'une méditation, croit entendre une voix intérieure qui lui dit qu'il faut vivre et comment il faut vivre, ou qui lui expose ce qui est juste et voulu par Dieu, il ne s'agit pas, selon Sartre, de la voix d'un être extérieur à celui qui prie ou qui médite ; il s'agit au contraire de la voix intérieure de l'individu en question. Que la personne dont il s'agisse insiste sur l'extériorité de la voix et reste un croyant inébranlable n'y change. En dernière analyse, il est de la nature même de l'être humain d'être condamné à prendre ses décisions seul. Aucun Dieu, aucun être ou pouvoir supérieur ne peut décider à sa place puisque, dans sa substance essentielle, l'existence humaine ne se fonde sur rien. C'était là la conviction la plus fondamentale de Sartre, et la raison pour laquelle il a donné à son œuvre principale le titre « L'Être et le Néant ». En abordant ce que Sartre appelle « le néant », nous sommes arrivés au cœur même de la philosophie sartrienne de l'existence. Mais qu'est-ce que « le néant » ? Peut-on vraiment en faire l'expérience ? Ou ne s'agit-il que d'une idée abstraite : le contraire purement notionnel de tout ce qui nous entoure dans la vie quotidienne ?

La réponse que Sartre donne à cette question est vraiment étonnante. Loin d'être un contraire purement notionnel du quotidien vécu, le néant, dit Sartre, est quelque chose qui est lui-même susceptible d'être vécu. C'est dans l'état d'angoisse que ce néant – que l'homme porte toujours au cœur même de son être – se manifeste directement à la conscience humaine :

Dans l'angoisse, la liberté s'angoisse devant elle-même en tant qu'elle n'est jamais sollicitée ni entravée par rien. [29]

Sartre fait d'abord la distinction entre angoisse et peur. La peur porte sur quelque chose de concret : un chien agressif par exemple, ou un examen, un orage, un ennemi. L'angoisse, par contre, est un état d'esprit qui est souvent sans objet spécifique. Dans l'angoisse, nous nous sentons menacés – mais la menace est d'une tout autre nature que le danger qui déclenche la peur :

> L'angoisse se distingue de la peur par ceci que la peur est peur des êtres du monde et que l'angoisse est angoisse devant moi. [30]

Sartre cite ici l'exemple d'un soldat dans les tranchées qui n'éprouve au début qu'un sentiment de peur. Mais il glisse, après un certain acte de réflexion, dans un état d'angoisse :

> La préparation d'artillerie qui précède l'attaque peut provoquer la peur chez le soldat qui subit le bombardement, mais l'angoisse commencera chez lui quand il essaiera de prévoir les conduites qu'il opposera au bombardement, lorsqu'il se demandera s'il va pouvoir « tenir ». [31]

La pensée centrale de Sartre

Le trait distinctif de l'angoisse est donc que l'individu s'angoisse devant la possibilité qu'il puisse ne pas être à la hauteur de cette tâche qu'est la vie humaine. Il ne faut pas forcément se trouver dans une situation extrême comme celle du soldat dans la tranchée pour éprouver l'angoisse. Même la vie quotidienne peut devenir un problème si l'individu se sent incapable d'affronter avec détermination la tâche de vivre sa vie. Le choix et la manière d'affronter cette tâche relève absolument de notre liberté. Il s'ensuit que cette liberté est en même temps le don le plus précieux et la racine d'une angoisse qui nous pénètre dans notre être le plus profond :

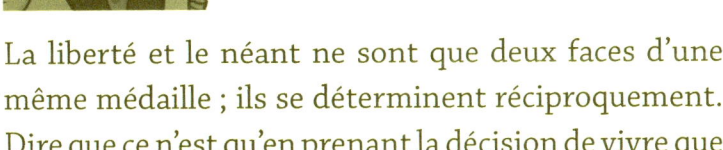

C'est dans l'angoisse que l'homme prend conscience de sa liberté […]. C'est dans l'angoisse que la liberté est dans son être en question pour elle-même. [32]

La liberté et le néant ne sont que deux faces d'une même médaille ; ils se déterminent réciproquement. Dire que ce n'est qu'en prenant la décision de vivre que nous devenons les êtres que nous sommes équivaut à dire que la liberté humaine est absolue parce que rien ne la limite. Ce qui revient à dire que l'homme se trouve chaque jour contraint de se confronter au néant et de se réinventer. Cet « être-confronté-au-néant », tout en étant notre expérience quotidienne, n'en reste pas moins une source d'angoisse. Puisque, pourtant, l'angoisse met l'homme face à lui-même et à sa propre néant « nullité d'être », on ne peut pas dire que cette angoisse procède ou dérive de quelque chose qui lui précède. L'angoisse n'est pas un sentiment qui tantôt nous possède, tantôt nous épargne. Elle fait partie de la condition humaine à un niveau tout à fait fondamental. Sartre le dit d'une manière très simple :

Nous sommes angoisse. [33]

Mais s'il faut reconnaître que l'angoisse fait partie, à un niveau tellement fondamental, de notre être, la question se pose : pourquoi ne vivons-nous pas dans un état permanent d'angoisse ? Sartre lui-même pose cette question :

> Si l'angoisse manifeste la liberté, elle devrait être un état permanent de mon affectivité. Or, elle est, au contraire, tout à fait exceptionnelle. Comment expliquer la rareté du phénomène d'angoisse ? [34]

La réponse qu'il donne est très simple. Dans la vie quotidienne, nous choisissons, d'après des procédés auxquels nous sommes depuis longtemps accoutumés, l'une ou l'autre entre plusieurs possibilités plus ou moins avantageuses. L'angoisse ne s'annonce jamais, puisque nous n'avons jamais l'occasion de nous rendre compte de cette dimension du néant qui entoure ces choix et les rend possibles. Et même si, lors d'une décision particulièrement difficile, l'angoisse commence à s'annoncer, nous avons tendance à la réprimer en nous orientant vers les décisions déjà prises par d'autres, en nous laissant conseiller, ou en faisant « ce qui se fait » dans chaque situation. Mais chaque décision reste néanmoins, en dernière analyse, une « creatio ex nihilo », une décision qui ne se fonde sur rien :

La liberté, c'est précisément le néant qui est été au cœur de l'homme et qui contraint la réalité humaine à se faire, au lieu d'être. [35]

« *Regarder* » et « *être-regardé* »

L'idée que nous venons d'examiner – celle d'une liberté absolue fondée sur l'expérience du néant – représente sans doute l'idée essentielle de la « philosophie de l'existence » de Sartre. Mais Sartre met au centre de son œuvre principale une deuxième question non moins passionnante que celle-ci : à savoir, la question d'« autrui » (qu'il appelle quelquefois « l'Autre »). Quel rôle est joué par autrui dans le drame de l'individu et de son existence ? Est-ce qu'autrui peut nous être un soutien et un point de repère dans les épreuves de cette existence ? Comment perçoit-on autrui ? Autrui peut-il même représenter cette limite à ma liberté qui semble introuvable ailleurs dans la philosophie de Sartre ?

Ses tentatives d'analyser les structures typiques de l'« être-pour-autrui » valent à Sartre la position de pionnier et de novateur radical dans l'histoire de la philosophie. Depuis l'Antiquité, les philosophes s'étaient penchés presque exclusivement sur les pensées, les sentiments et les actions de l'individu considéré comme conscience seule et isolée. Sartre, par contre, a choisi de s'occuper du thème des structures typiques des relations interhumaines.

Le point de départ de son exposition de l'« être-pour-autrui » est son analyse phénoménologique du « regard ». Le « regard » auquel Sartre se réfère n'est pas, en premier lieu, l'acte optique ; il s'agit plutôt d'un sentiment de la présence d'autrui. Il suffit, par exemple, pour qu'un tel sentiment de la présence d'autrui naisse en nous, que, assis sur un banc public, nous percevions un bruissement léger dans le buisson derrière nous. Ce seul bruissement suffit à faire naître en nous l'idée que quelqu'un nous guette, que quelqu'un se prépare peut-être à nous contraindre de jouer un rôle dans son projet personnel. Il peut s'agir d'un projet de vol dont nous serions les victimes, ou simplement du projet d'une connaissance qui se prépare à nous dire bonsoir, ou même du projet d'un passant inconnu qui va nous laisser parfaitement en paix.

Celui qui regarde – et avant tout celui qui se sait ou se croit regardé – se rend, dit Sartre, bientôt compte que l'objet qu'on désigne sous le nom d'« autrui » n'est décidément pas à ranger parmi les autres objets que nous rencontrons dans la vie quotidienne. Assis sur mon banc public, je peux contempler, l'esprit détendu, le sentier, la pelouse, les autres bancs et les fleurs qui m'entourent, et je peux ranger et grouper ces objets librement dans ma perception selon les distances qui les sépare de moi ou qui les séparent les uns des autres. Mais sitôt qu'un être humain – même si ce n'est qu'un flâneur quelconque qui ne me prête aucune attention – fait son apparition dans le champ de mes perceptions – il survient quelque chose en moi qui ne peut manquer d'intéresser le philosophe. Je n'arrive plus à préserver cette manière détendue et neutre de percevoir et d'organiser le monde autour de moi ; je n'arrive pas à faire entrer dans le champ homogène des objets constatés ce passant qui surgit – quelque chose qui m'aurait été possible, et même facile, s'il ne s'était agi que d'une poupée ou d'un objet inanimé que j'aurais pu ranger et placer comme je range et place les fleurs et les bancs :

La pensée centrale de Sartre

> Si je devais penser qu'il n'est rien d'autre qu'une poupée, je lui appliquerais les catégories qui me servent ordinairement à grouper des choses temporo-spatiales, c'est-à-dire que je le saisirais comme étant « à côté » des chaises, à 2,20 m de la pelouse, comme exerçant une certaine pression sur le sol, etc. Son rapport avec les autres objets serait du type purement additif ; cela signifie que je pourrais le faire disparaître sans que les relations des autres objets entre eux en soient notablement modifiées. [36]

Ceci, pourtant, est devenu tout à coup impossible. Je me trouve obligé de reconnaître que les choses que j'ai pu, jusqu'ici, ranger et grouper avec si peu d'effort ont acquis, en conséquence de l'apparition d'autrui, des relations et des significations nouvelles qui échappent à mon contrôle. Le gazon sur lequel ce flâneur se promène, le banc vers lequel il dirige ses pas – toutes ces choses semblent dorénavant tirer, d'une manière obscure, leur sens et leur signification de cet « Autre » et de ses projets. Un nouvel espace s'est formé autour de cet « Autre », un espace qu'on a, pour ainsi dire, dérobé à l'espace qui avait formé mon monde à moi :

C'est un regroupement, auquel j'assiste et qui m'échappe, de tous les objets de l'univers. [37]

Autrui s'avère donc, même sous la forme d'un flâneur oisif qui ne me prête pas attention, n'être aucunement un objet comme les autres objets. Il ne se laisse pas ranger et grouper comme élément de mon champ de perception. C'est plutôt cet « objet privilégié qui est autrui » qui se met, dès son apparition, à ranger et grouper les éléments d'un monde qui est dorénavant le sien. C'est-à-dire : l'apparition d'autrui dans mon monde signifie l'irruption d'un objet qui me dérobe ce monde :

> Tout est en place, tout existe toujours pour moi, mais tout est parcouru par une fuite invisible et figée vers un objet nouveau. L'apparition d'autrui dans le monde correspond donc à un glissement figé de tout l'univers, à une décentration du monde qui mine par en-dessous la centralisation que j'opère dans le même temps. [38]

« Autrui », conclut Sartre, veut donc dire :

> ?...? la fuite permanente des choses vers un terme que je saisis à la fois comme un objet à une certain distance de moi, et qui m'échappe en tant qu'il déplie autour de lui ses propres distances. [39]

Mais ce n'est pas tout. À la lumière d'une circonstance à laquelle on s'est déjà référé, il faut reconnaître à autrui une signification encore plus grande dans notre vie quotidienne. L'action de l'« Autre » sur le monde (comme il le perçoit) ne se résume pas à l'organisation de celui-ci selon ses propres projets. Cette action comprend aussi forcément la tentative de m'inclure moi dans ces projets et de m'ordonner selon les buts spécifiques de ceux-ci. Cet « objet privilégié qui est autrui » devient, donc, tout à coup, le « sujet privilégié qui est autrui ». C'est en tant que tel que je l'éprouve, dans la mesure où je me trouve dans la possibilité permanente d'« être-vu-par-autrui ». C'est-à-dire : c'est à travers cet « être-vu-par-autrui » que je fais l'expérience de l'« Autre » comme sujet. En même temps, pourtant, cette expérience me rejette sur moi-même et (c'est la phrase dont Sartre se sert) me « fige ». Et, en tant qu'être « figé » par le regard de l'« Autre », je ne me trouve plus capable de me dérober à la signification que cet « Autre » m'attribue. L'exposition que Sartre donne de cette expérience d'« être-figé » se centre sur le phénomène de la honte.

La honte sous le regard de l'Autre

> Imaginons que j'en sois venu, par jalousie, par intérêt, par vice, à coller mon oreille contre une porte, à regarder par le trou d'une serrure […]. Or, voici que j'ai entendu des pas dans le corridor : on me regarde. Qu'est-ce que cela veut dire ? C'est que je suis soudain atteint dans mon être et que des modifications essentielles apparaissent dans mes structures – modifications que je puis saisir et fixer conceptuellement par le 'cogito' réflexif. [40]

« L'Autre » me prend au dépourvu et me « fige » dans la posture du « voyeur ». Son regard me dérobe toutes les autres possibilités de ma subjectivité, tous les autres « moi » que j'aurais pu être. Sous ce regard, tout mon être se réduit à cette attitude que j'ai adoptée à cet instant spécifique : je ne me comprends plus que comme « le voyeur ». Autrement dit : le regard d'autrui pétrifie, sur le champ, ma liberté. C'est pourquoi Sartre évoque ici le mythe de Méduse, qui, selon le récit mythique, changeait en pierre tous ceux qui la regardaient. Ce récit mythique, dit Sartre, reflète le phénomène réel de notre sentiment d'être « figé » par le « regard de l'Autre ». Je me trouve « changé en pierre » par ce regard dans la mesure où il me lie à l'image que je présente à un moment spécifique et me refuse, implicitement, toute possibilité d'apparaître, toute possibilité d'être, un « autre-que-ça ». Ceci équivaut à me réduire au statut d'un « en-soi », quelque chose qui « est » et rien de plus.

Mais il ne s'agit, poursuit Sartre, que de l'un des deux aspects que présente cette expérience de l'« être-vu-par-autrui ». Il en existe un autre. Exposé au regard d'autrui, je fais l'expérience d'être réduit au statut d'un « en-soi ». Mais je fais en même temps l'expérience de l'impossibilité dans laquelle je me trouve de me soumettre à une telle réduction. J'éprouve un malaise extrême, et ce malaise est l'expression du fait qu'il ne m'est pas possible de me laisser réduire au statut d'objet, à un pur « en-soi ». C'est-à-dire que je ne peux pas accepter sans me révolter cette identité de « voyeur, et rien d'autre que voyeur » que le regard d'autrui m'assigne et m'impose. Je veux être plus que cette identité ponctuelle et univoque qu'on m'attribue. Et je le suis en effet, puisque, comme nous avons vu, l'être humain ne peut pas, de par sa structure existielle même, n'être qu'une entité physique qui « est » au milieu d'autres entités physiques. Un être humain est toujours en même temps un être « pour-soi ». C'est-à-dire : il est une présence-à-soi. Il se trouve dans un rapport à lui-même, et, comme nous avons vu, c'est dans cet « être-rapporté-à-soi » en laquelle sa liberté consiste. L'être d'un individu humain, donc, ne peut jamais se résumer tout à fait à ce que cet individu est en train de faire à un moment donné. Puisqu'il est un être « pour-soi », un être humain est toujours « en bouillonnement ».

Il est donc impossible que le « pour-soi » humain se résume à cette seule identité assignée de « voyeur » (même si le « pour-soi » est obligé, au moment d'être figé par le regard d'autrui, de se percevoir comme tel). De cette impossibilité naît le sentiment de honte. La signification philosophique du phénomène de honte est, dit Sartre, la suivante : malgré la transcendance qui est inhérente au « pour-soi » que je suis, je me trouve contraint, par une autre transcendance, de m'identifier à cet « en-soi » qu'une liberté qui n'est pas la mienne croit reconnaître en moi.

Mais si je ne me sentais pas « reconnu » par cette liberté qui n'est pas la mienne, je n'éprouverais aucun sentiment de honte. C'est que le regard d'autrui provoque un effet chez moi. Ce qui s'exprime dans le sentiment de honte n'est finalement rien d'autre que ma reconnaissance de moi-même dans le regard d'autrui. Tant que je reste seul et plongé dans mon propre acte de voyeurisme devant le trou de la serrure, je ne me reconnais pas, objectivement, comme voyeur. Ce n'est qu'au moment de l'« être-vu-par-autrui » que je me reconnais, avec un choc d'autant plus grand, comme le voyeur que (en effet, à ce moment-là) je suis. De ce constat phénoménologique, Sartre tire une conclusion très radicale :

> La honte pure n'est pas sentiment d'être tel ou tel objet répréhensible mais, en général, d'être un objet, c'est-à-dire de me reconnaître dans cet être dégradé, dépendant et figé que je suis pour autrui. [41]

Il en découle que le regard est, dans son essence, quelque chose qui me rapporte à moi-même, puisque ce n'est qu'à travers le regard d'autrui que je me construis une image et une idée de ce que je suis. J'ai un besoin absolu de ce regard d'autrui pour établir mon propre « moi » parce que je ne peux devenir un objet à ma propre conscience qu'en me rendant compte de l'idée qu'autrui s'est formée de moi. L'image que j'ai de moi-même est toujours l'image que je trouve réfléchie dans les yeux d'autrui. C'est pourquoi nous attribuons une telle importance aux jugements qu'autrui porte sur nous : que l'on nous trouve charmant ou répugnant, sympathique ou antipathique, intelligent ou bête. La manière dont j'existe pour autrui est (au moins dans une mesure considérable) la manière dont j'existe pour moi-même. Mon identité dépend en grande partie de « l'Autre » :

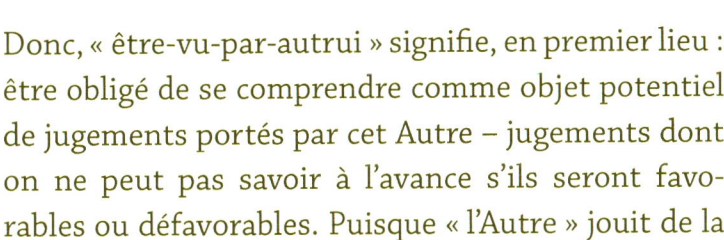

À titre de conscience, autrui est pour moi à la fois ce qui m'a volé mon être et ce qui fait « qu'il y a » un être qui est mon être. [42]

Donc, « être-vu-par-autrui » signifie, en premier lieu : être obligé de se comprendre comme objet potentiel de jugements portés par cet Autre – jugements dont on ne peut pas savoir à l'avance s'ils seront favorables ou défavorables. Puisque « l'Autre » jouit de la même liberté absolue que moi, je ne peux jamais prévoir avec certitude quel jugement il portera sur moi, quelle idée il va se former de moi. Mais, en même temps, je me trouve dépendant de ce jugement porté sur moi par « l'Autre » dans la mesure où j'en ai besoin pour me construire une idée et atteindre à une connaissance de mon propre « moi » :

> Ainsi, « être-vu » me constitue comme un être sans défense pour une liberté qui n'est pas ma liberté. C'est en ce sens que nous pouvons nous considérer comme des « esclaves » en tant que nous apparaissons à autrui [...]. Je suis esclave dans la mesure où je suis dépendant dans mon être au sein d'une liberté qui n'est pas la mienne et qui est la condition même de mon être. 43

Cette situation d'être « sans défense » devant « l'Autre » et « à sa merci » est qualifiée par Sartre non seulement d'« esclavage » mais aussi de « danger ontologique » :

La pensée centrale de Sartre

[…] Je suis en danger. Et ce danger n'est pas un accident, mais la structure permanente de mon « être-pour-autrui ». 44

Il semble préférable à beaucoup d'égards, au lieu de vivre dans un tel état d'incertitude permanente, de cesser de tenir compte des jugements d'autrui et de se dire : « Qu'on pense bien ou qu'on pense mal de moi, ça m'est égal ». Mais pour Sartre, cette possibilité n'existe pas. Ce n'est qu'en me mettant en rapport avec autrui, dit-il, et en laissant se réfléchir dans ma propre conscience le regard qu'autrui porte sur moi, que j'arrive à me construire un « moi ». Il en découle que la seule stratégie viable pour un « pour-soi » à la recherche d'un « moi » stable et fiable est la suivante : faire tout ce qui est nécessaire pour que j'apparaisse à autrui d'une telle manière que l'image de moi qu'autrui se construit, et qu'il fait entrer dans ses projets à lui, corresponde à mon image idéale de moi-même.

L'« être-pour-autrui » en tant que lutte pour la reconnaissance

Qui tire les conclusions de cette analyse du « regard d'autrui », dit Sartre, se trouve confronté à un paradoxe fondamental de l'existence humaine : d'un côté, c'est seulement grâce à la reconnaissance qu'autrui lui accorde que l'individu arrive à se reconnaître comme « moi » ; de l'autre, le « moi » craint cette reconnaissance (qui peut toujours devenir une reconnaissance refusée) comme quelque chose qui « fige » les potentialités de ce « moi » :

> La honte est sentiment de chute originelle, non du fait que j'aurais commis telle ou telle faute, mais simplement du fait que je suis « tombé » dans le monde, au milieu des choses, et que j'ai besoin de la médiation d'autrui pour être ce que je suis. [45]

L'écrivain, par exemple, a un besoin constant, s'il veut « être ce qu'il est », de la reconnaissance que ses lecteurs lui accordent. Son travail, pour ainsi dire, ne devient une œuvre d'art – et lui-même, un « homme qui écrit », ne devient un écrivain – que grâce au regard d'autrui. Pour qu'une œuvre littéraire soit née, il faut les efforts unis de celui qui écrit et de celui qui lit. L'art n'existe que pour, et grâce à, « l'Autre ». Mais de cette reconnaissance de « l'Autre » je ne peux jamais être sûr, puisque je dépends ici d'une liberté qui n'est pas la mienne.

Le « danger ontologique » qui est inhérent au regard d'autrui peut nous aider également à comprendre le phénomène du « trac ». Pour la plupart d'entre nous, la recherche de la reconnaissance d'autrui est un événement quotidien dont on se rend à peine compte. Mais le cas du comédien professionnel présente un intérêt tout à fait particulier, parce qu'il s'agit ici de quelqu'un qui a fait son métier de cette situation ontologiquement « dangereuse ». La sagesse shakespearienne qui affirme que « le monde entier est un théâtre » est plus vraie encore pour le comédien qu'il ne l'est pour l'« homme moyen ». Le jugement porté par un public sur ce qu'il voit sur la scène d'un théâtre ne se résume pas à un jugement porté sur la vraisemblance du monde fictif qu'on lui présente. Il s'agit aussi d'un jugement porté sur les capacités professionnelles des comédiens qui réalisent, à travers leur jeu, ce monde fictif. Autrement dit, il s'agit d'un jugement passé sur le monde réel de ces personnes qui font du jeu leur métier.

À la lumière de l'analyse sartrienne du regard d'autrui, il est facile de comprendre pourquoi les comédiens souffrent souvent de ce qu'on appelle le « trac » : un état d'agitation diffus, un mélange d'angoisse et de plaisir. D'un côté, le comédien est impatient d'apparaître devant « son » public, avide des applaudissements frénétiques qu'il espère recueillir ; de l'autre, il s'angoisse à la pensée de se trouver exposé au regard de ce même public, qui pourrait anéantir le « moi » qu'il s'est construit – son « moi » de comédien de métier – en l'accueillant par des huées. Même chez le comédien qui a une maîtrise parfaite de son rôle et de son métier, la pensée seule des humeurs changeantes du public suffit souvent pour déclencher le « trac ».

Cette imprévisibilité de la reconnaissance qui nous est accordée (ou refusée) par le regard d'autrui est une réalité à laquelle nous essayons souvent de nous dérober en créant des conditions telles que la reconnaissance d'autrui semble nous être garantie d'avance :

> Nous avons marqué [...] que la liberté d'autrui est fondement de mon être. Mais précisément parce que j'existe par la liberté d'autrui, je n'ai aucune sécurité, je suis en danger dans cette liberté ; elle pétrit mon être et me fait être ; elle me confère et m'ôte des valeurs ; et mon être reçoit d'elle un perpétuel échappement passif à soi [...] Mon projet de récupérer mon être ne peut se réaliser que si je m'empare de cette liberté et que je la réduis à être liberté soumise à ma liberté. 46

Le tyran, par exemple, se garantit la reconnaissance d'autrui en s'emparant, d'une manière très concrète et brutale, de la liberté de ses concitoyens et en contraignant ceux-ci de le reconnaître comme quelqu'un d'une importance spéciale. Mais une telle reconnaissance, parce qu'il s'agit d'une reconnaissance contrainte, ne vaut finalement pas grand-chose. Les conseillers et vassaux qui, en sa présence, entonnent des éloges au tyran disent du mal de lui sitôt qu'il n'est plus là et qu'ils n'ont plus à craindre sa colère.

En outre, le tyran le sait. Le vrai regard d'autrui sur lui, sa vraie objectivation aux yeux de « l'Autre », lui restent cachés. Le tyran existe, donc, dans la même insécurité fondamentale que celui qui ne possède pas son pouvoir tyrannique sur autrui.

Mais il y a, dit Sartre, une manière beaucoup plus expédiente de s'assurer la reconnaissance d'autrui. C'est l'amour. Parce que l'amour, vu d'une perspective phénoménologique, est l'entreprise bizarre d'essayer de recevoir d'un être humain une reconnaissance qui serait à la fois volontaire et sans réserve.

L'amour comme dépassement de la lutte ?

La conception de l'amour que Sartre nous propose est, au fond, très simple. « Vouloir être aimé », dit-il, veut dire : essayer de rendre soumise à moi une liberté qui, malgré cet état de soumission, peut encore être perçue comme une conscience libre qui me reconnaît et m'affirme « de sa propre volonté ». De cette manière, l'amant essaie de se garantir une reconnaissance qui, sans être contrainte, est quand même durable et fiable. Si l'entreprise de celui qui « cherche l'amour » au sens sartrien réussit, le sentiment d'angoisse qui avait jusqu'ici toujours accompagné chez lui le regard d'autrui se trouve remplacé par un merveilleux sentiment de bonheur. Là où le regard d'autrui tellement redoutable devient un regard amoureux, l'individu jouit d'une reconnaissance exaltante parce qu'inconditionnelle. Les amoureux cherchent et trouvent leur sécurité l'un dans l'autre, tout en restant libres ; l'un se laisse volontiers subsumer dans le projet de l'autre parce qu'il est sûr que tout ce que l'autre projettera de faire sera pour son bien. Tous les deux se trouvent donc délestés de ce fardeau qu'est l'existence comme « pour-soi », puisqu'il ne leur est plus nécessaire de créer et de recréer, sur le fond d'un néant essentiel, leur propre être :

> Au lieu que, avant d'être aimés, nous étions inquiets de cette protubérance injustifiée, injustifiable qu'était notre existence, au lieu de nous sentir « de trop », nous sentons à présent que cette existence est reprise et voulue dans ses moindres détails par une liberté absolue […]. C'est là le fond de la joie d'amour, lorsqu'elle existe : nous sentir justifiés d'exister. [47]

L'amour, selon Sartre, est, dans son essence, un projet : celui de se faire aimer, ou celui de faire de sorte que « l'Autre » veuille qu'il soit aimé de moi. L'amant entreprend tout pour atteindre ce but : que « l'Autre » se mette à le désirer sous la forme d'un « objet privilégié » dans son monde. Cet « objet privilégié » se présente à « l'Autre » comme une liberté qui ne peut pas être dépassée :

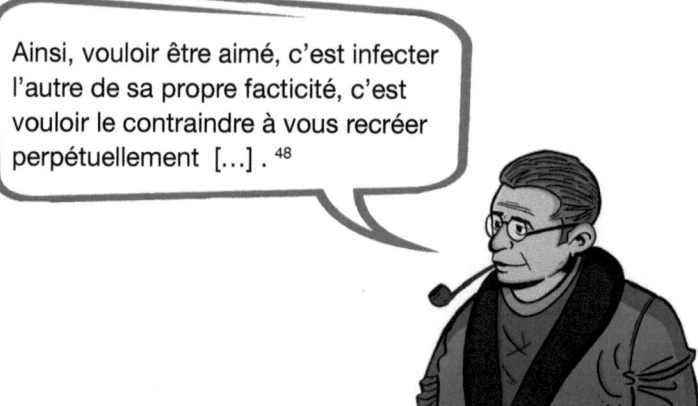

Ainsi, vouloir être aimé, c'est infecter l'autre de sa propre facticité, c'est vouloir le contraindre à vous recréer perpétuellement [...] . [48]

Mais comment s'y prendre ? Comment puis-je contraindre une liberté qui n'est pas la mienne de me « recréer perpétuellement » ? Je le peux, dit Sartre, si j'arrive à faire de mon propre être quelque chose qui représente pour « l'Autre » toute la plénitude de l'être. C'est-à-dire, si j'arrive à devenir pour « l'Autre » le monde entier. Ce n'est que quand « l'Autre », face à cette plénitude d'être que je serai devenu pour lui,

La pensée centrale de Sartre

affirmera : « Tu es tout mon monde », que j'aurai atteint mon but. C'est pourquoi Sartre écrit :

La séduction vise à occasionner chez autrui la conscience de sa néantité en face de l'objet séduisant. [49]

Je me projette comme un « objet charmant », comme une « profondeur infinie », dans l'espoir d'envoûter « l'Autre » et de gagner une emprise sur sa liberté tellement forte qu'il se laisse volontiers mettre en chaînes. À la différence du tyran, qui recourt à la violence pour contraindre « l'Autre » à le reconnaître, l'amant vise à « envoûter » cet « Autre » et à l'amener à une reconnaissance volontaire au moyen des « liens tendres » de l'amour :

Ainsi l'amant ne désire-t-il pas posséder l'aimé comme on possède une chose ; il réclame un type spécial d'appropriation : il veut posséder une liberté comme liberté. [50]

75

Si ce projet réussit, je me trouve assuré d'une reconnaissance de la part « l'Autre » qui sera volontaire mais en même temps fiable et durable. Une telle reconnaissance me permettra, après avoir été longtemps contraint (en tant qu'objet du regard d'autrui) à « sortir de moi-même », de revenir dans mon propre « moi » - et d'y revenir d'une manière qui corresponde à tous mes vœux. Puisque la liberté de « l'Autre » est dorénavant une liberté qui dépend de moi, cette liberté ne me subsumera plus dans ses projets sauf d'une manière qui me plaira et qui s'accordera avec mes propres projets. Je recevrai des compliments de « l'Autre » ; et même la critique d'un tel « Autre amoureux » sera une critique bienveillante. Le projet de se garantir la reconnaissance de « l'Autre » en lui inspirant des sentiments d'amour ressemble donc, à première vue, à un « crime parfait ». Mais Sartre ne tarde pas à montrer que cette entreprise tellement prometteuse est finalement plutôt vouée à l'échec :

J'exige que l'Autre m'aime et je mets tout en œuvre pour réaliser mon projet ; mais si l'Autre m'aime, il me déçoit radicalement

> par son amour même : j'exigeais de lui qu'il fonde mon être comme objet privilégié en se maintenant comme pure subjectivité en face de moi ; et, dès qu'il m'aime, il m'éprouve comme sujet et s'abîme dans son objectivité en face de ma subjectivité. [51]

Sartre résume ici le paradoxe fondamental qui condamne toute relation amoureuse, tôt ou tard, à la dissolution. L'amant peut en effet s'assurer de la reconnaissance de « l'Autre » en faisant de sorte qu'il s'établisse comme objet envoûtant dans le monde de celui-ci. Mais précisément là où un tel projet réussit, la reconnaissance qui lui sera accordée sera une reconnaissance née de la dépendance et de la subjugation typiques de l'être « envoûté ». Elle ne sera pas – ou ne sera plus – une reconnaissance née de la liberté. Il s'agira donc, en dernière analyse, d'une reconnaissance sans valeur. Bref, tant que « l'Autre » ne m'aime pas, il est cet « Autre libre » dont j'ai besoin pour établir et construire mon « moi » ; mais sitôt qu'il se met effectivement à m'aimer, il cesse d'être cet « Autre libre » dont je cherchais l'amour.

De quelque manière qu'il s'y prenne, le projet de l'amant est donc voué à l'échec. En essayant de s'assurer la reconnaissance volontaire mais permanente de l'aimé(e), il lui faut se garder, d'un côté, de rendre cet(te) aimé(e) dépendant(e) de lui, puisque ceci équivaudrait à dépouiller l'aimé(e) de cette liberté personnelle dont l'amant avait précisément besoin ; mais il faut, de l'autre, que l'amant se garde également de laisser à l'aimé(e) sa liberté personnelle, puisque, tant qu'il ne dépendra que de l'aimé(e) d'accorder ou de ne pas accorder la reconnaissance à l'amant, celui-ci ne pourra jamais être sûr de posséder l'amour qui assure son identité :

[…] Le réveil de l'Autre est toujours possible […] . De là la perpétuelle insécurité de l'amant. [52]

La tentative d'échapper, par le chemin de l'amour, à ce « danger ontologique » qu'est le refus de « l'Autre » de m'accorder la reconnaissance que j'exige s'avère donc vouée à l'échec. Cependant, la promesse inhérente à l'amour – celle d'une certitude absolue de ma propre existence fondée sur la reconnaissance amoureuse d'un(e) bien-aimé(e) « envoûté(e) » – est une promesse tellement alléchante qu'il ne faut pas s'étonner que l'homme ne se fatigue jamais d'entreprendre cette vaine tentative. Sartre conclut néanmoins que, puisque nous craignons, d'un côté, l'action « objectivante » de « l'Autre » mais avons besoin, de l'autre, de cette action « objectivante » pour fonder notre propre être, il n'est pas possible pour l'être humain d'échapper à la condition de lutte et de conflit :

Le conflit est le sens originel de l'« être-pour-autrui ». 53

Même l'amour n'offre pas de voie d'issue de cette dynamique angoissante qui oblige l'individu à se chercher soi-même dans l'image qu'il trouve réfléchie dans le regard – ce qui veut dire : dans le jugement, toujours incertain et « dangereux » – de « l'Autre ».

Liberté absolue et responsabilité absolue

Cette conclusion pessimiste peut-elle être réconciliée avec le principe sartrien d'une « liberté absolue » propre à l'homme ? S'il ne m'est pas possible de me libérer de la dépendance du « regard d'autrui », suis-je vraiment libre ? Pourtant, Sartre ne voit pas de contradiction entre ces deux aspects de sa propre philosophie. Même si le jugement de « l'Autre », dit-il, s'avère être capable de me « figer », de me « pétrifier », cela ne veut pas dire que ce jugement puisse mettre des limites effectives à ma liberté. Parce que je suis capable, de mon côté, de changer, au moyen de mes décisions et de mes actions, l'image que « l'Autre » s'est formée de moi. C'est pourquoi Sartre ne se départ jamais de sa thèse philosophique principale :

L'homme n'est rien d'autre que ce qu'il se fait. Tel est le premier principe de l'existentialisme. [54]

L'homme est libre – pas seulement au sens que la liberté lui appartient comme une de ses propriétés et potentialités, mais aussi au sens plus profond qu'il est lui-même cette liberté. La liberté de l'être humain est une « vérité existentielle » ; il n'y a pas d'issue pour l'individu de cette condition humaine d'être « condamné à être libre ». Même « l'Autre » ne peut nous délester de cette tâche fondamentale de choisir et de décider. Chacun est et reste responsable de son propre être.

Ce n'est que dans la grande œuvre philosophique de sa vieillesse – la « Critique de la Raison Dialectique » – que Sartre esquisse quelques révisions à cette thèse fondamentale d'une liberté absolue de l'individu, accordant un peu plus de poids aux circonstances matérielles de la vie humaine. Entre la publication de « L'Être et le Néant » (1943) et celle de la « Critique » (1960), Sartre était devenu un « intellectuel de gauche ». Il espérait, dans ce deuxième magnum opus, réconcilier l'existentialisme avec le marxisme en montrant leurs points communs. Il y fait de grandes concessions aux théoriciens marxistes qui tenaient le haut du pavé intellectuel dans ces années 60. Il reconnaît que les relations matérielles de production, et les autres circonstances sociales et historiques sous lesquelles un individu naît et grandit, exercent une influence déterminante sur l'existence de celui-ci. Bref, il y souscrit, avec quelques réserves, à la thèse de Karl Marx que « c'est l'être social des hommes qui détermine leur conscience ». Il ne met plus, dans cette œuvre de 1960, l'emphase qu'il avait mise, dans son chef-d'œuvre de 1943, sur la liberté absolue de l'individu. Il s'y montre prêt à reconnaître que l'environnement social exerce une influence « conditionnante » sur le « pour-soi ». La thèse de la liberté humaine comme véritable « creatio ex nihilo » n'est exposée, dans cette période marxiste de Sartre, que sous une forme tellement qualifiée qu'elle s'en trouve presque renversée en son contraire. Dans un entretien de l'année 1969, par exemple, Sartre offre la définition suivante de la liberté :

> La liberté est ce petit mouvement qui fait d'un être social totalement conditionné une personne qui ne restitue pas la totalité de ce qu'on a fait de lui. [55]

Mais cette tentative de concilier l'existentialisme avec le marxisme s'est finalement avérée vaine. Parce que, tout en faisant des concessions significatives à la doctrine marxiste, Sartre ne renonça pas à sa conviction originale et fondamentale qu'il s'agit chez l'individu humain d'un être foncièrement libre qui est toujours capable d'adopter des positions autonomes vis-à-vis des « facticités » matérielles qui le « conditionnent ». Dans le même entretien de 1969, Sartre réitère le vieux credo existentialiste selon lequel chaque individu doit être à même, de par sa nature humaine, de mettre une distance entre, d'un côté, les facteurs « conditionnants » de famille, classe sociale et relations de production et, de l'autre, son propre « moi » inébranlable :

Je crois qu'un homme peut toujours faire quelque chose de ce qu'on a fait de lui. 56

Sartre reste donc, même dans la dernière période de sa vie, le philosophe de la liberté : le philosophe qui ne cesse jamais de nous rappeler que c'est nous-mêmes qui portons en fin de compte la responsabilité de tout ce que nous pensons et de tout ce que nous faisons.

À quoi nous sert aujourd'hui la découverte de Sartre ?

Sortir de la mauvaise foi – suivre son propre chemin

La liberté de l'individu est une liberté absolue, quel que soit son lieu de naissance, son sexe, ou son origine sociale – tel est le credo de l'existentialisme. Même emprisonné, même mis en chaînes, je ne suis pas moins libre que les autres, puisque c'est finalement à moi seul de décider de l'attitude que j'adopterai face aux « facticités » qui m'entourent et qui semblent me limiter :

> La liberté est totale et infinie […]. Les seules limites que la liberté heurte à chaque instant, ce sont celles qu'elle s'impose à elle-même. [57]

À quoi nous sert aujourd'hui la découverte de Sartre ?

Sartre se sert, pour illustrer ce credo, de l'image d'un rocher qui barre le chemin. Un tel rocher ne bloquera la route qu'à quelqu'un qui se résigne à la situation. Mais cette résignation est loin d'être la seule attitude possible. On peut regarder le rocher comme un défi à relever. Pour l'individu qui le regarde de cette manière, il sera plutôt quelque chose à surmonter ou à contourner. En adoptant cette perspective sartrienne, on peut aller même jusqu'à affirmer que l'individu « choisit » d'être né ou « choisit » de mourir, puisque celui-ci est libre de décider quelle valeur il veut accorder à la naissance ou à la mort. C'est-à-dire que l'individu est libre de décider dans quelle mesure il va permettre que la vie ou la mort deviennent des soucis déterminants pour lui. Sartre ne cesse de nous exhorter à façonner nos propres vies avec décision :

[...] « tu n'es rien d'autre que ta vie » [...]. [58]

Ce qui compte, ce sont les actes : ce dictum, à première vue, semble n'être qu'une banalité. Mais, examiné de plus près, ce simple appel à agir plutôt que se réfugier derrière des excuses, est peut-être l'élément le plus important de tout l'héritage de l'existentialisme. Parce que nous avons tous une connaissance intime du problème de la « mauvaise foi », c'est-à-dire du manque de franchise et de courage vis-à-vis de nous-mêmes. Il arrive souvent que nous nous sentions insatisfaits de certains aspects de notre existence : de nos relations sentimentales, de notre travail, de nos circonstances familiales, ou des réalités sociales et politiques qui nous entourent. Mais nous ne faisons pas le moindre effort pour changer ces relations, ces circonstances, ces réalités. C'est que nous préférons inventer mille raisons pour lesquelles « nous avons les mains liées » plutôt que d'agir pour changer quelque chose. Sartre nous conseille d'examiner de très près les objectifs et les fins que nous nous fixons dans toutes les sphères de la vie pour essayer de distinguer s'il s'agit de vraies décisions ou plutôt de « mauvaise foi », c'est-à-dire d'un manque de franchise vis-à-vis de nous-mêmes :

[…] La responsabilité de ces fins nous incombe ; quel que soit notre être, il est

À quoi nous sert aujourd'hui la découverte de Sartre ?

> choix ; et il dépend de nous de nous choisir comme « grand » et « noble » ou comme « bas » et « humilié ». [59]

Là avant tout où il s'agit d'insatisfactions professionnelles ou sentimentales, il nous manque souvent le courage nécessaire de tirer les conclusions pratiques de situations évidemment insoutenables. Nous avons trop peur de l'insécurité matérielle qui serait la conséquence d'une démission, ou de la solitude écrasante qui pourrait être la suite de la décision de se séparer d'un(e) partenaire de longue date. Les mariages et les liaisons sentimentales de longue durée se caractérisent souvent par une « division du travail », un système de routines bien accoutumées, et une espèce de « jeu de rôles » sans lesquelles une vie à deux serait, à long terme, difficile voire impossible. C'est en recourant à de telles « petites ruses » que beaucoup de relations humaines continuent à fonctionner tant bien que mal quand toute intimité authentique a déjà disparue et que la vie quotidienne des partenaires manifeste plus de crispations que de vraies joies partagées. Mais c'est précisément à de telles relations inauthentiques, qui « fonctionnent encore tant bien que mal », que Sartre se réfère quand il parle de vies vécues « dans la mauvaise foi ».

Sartre s'est efforcé de construire sa propre vie d'une telle manière que la « mauvaise foi » et ses « petits mensonges utiles » n'y trouveraient aucune place. Il a conclu, par exemple, avec la femme qui est restée sa compagne pendant toute sa vie, Simone de Beauvoir, un « pacte de liberté et de franchise ». Dans une correspondance devenue fameuse, les deux amants s'assurèrent réciproquement de leur amour profond l'un pour l'autre mais déclarèrent en même temps que ni l'un ni l'autre ne voulait sacrifier sa liberté individuelle à cet amour. Ils convinrent de ce qu'ils seraient tous les deux libres de prendre d'autres amants, à la seule condition que ces affaires ne seraient jamais l'occasion de mensonges entre eux et ne porteraient jamais atteinte à leur solidarité l'un avec l'autre. De Beauvoir a écrit plus tard : « Sartre n'avait pas la vocation de la monogamie. Il se plaisait dans la compagnie des femmes [...]. Il n'entendait pas, à vingt-trois ans, renoncer pour toujours à leur séduisante diversité. 'Entre nous,' m'expliquait-il en utilisant un vocabulaire qui lui était très cher, 'il s'agit d'un amour nécessaire ; il convient que nous connaissions aussi des amours contingents.' Nous étions d'une même espèce et notre entente durerait autant que nous. »[60]

Sartre et De Beauvoir sont restés en effet un couple et un soutien l'un pour l'autre tout au long de leur vie, tout en goûtant, chacun de leur côté, à beaucoup d'« amours contingents ». Ils ont trouvé la formule d'un tel amour durable dans leur fidélité commune à l'idéal d'une liberté absolue. Ils n'ont jamais fait « consacrer » leur union par aucune cérémonie de mariage. Ils se sont pour ainsi dire choisis l'un l'autre, à nouveau et sans contrainte, tous les jours de leur vie.

Nous savons aujourd'hui que cette liaison, beaucoup admirée comme un modèle de liberté et de modernité, a connu tout de même des crispations qu'on peut dire « de toutes les époques ». Celles-ci se sont annoncées chaque fois qu'un « amour contingent » de l'un ou l'autre prenait une importance trop grande dans leur vie à deux. Mais même si Sartre n'a pas toujours été à la hauteur de son propre idéal, l'idéal même – celui de rester fidèle à ses propres désirs et de refuser « la voie de la moindre résistance » – reste un objectif admirable.

Bien sûr, en prônant la franchise, Sartre ne veut pas dire qu'il faut dire la vérité toujours et dans toutes les circonstances. Si l'on en croit les recherches scientifiques actuelles, une telle franchise totale et inconditionnelle n'est même pas possible ; faute de certains petits demi-mensonges qui ménagent les sensibilités du prochain, notre société s'effondrerait en conflits ininterrompus. L'enseignement de Sartre à propos de la franchise n'est donc pas à interpréter au sens de : « Dis toujours et partout la vérité entière ! » mais plutôt au sens du vieux conseil shakespearien : « Avant tout, sois loyal envers toi-même ! »

Ne pas se contenter de rêver – réaliser ses idées

C'est précisément la raison pour laquelle il importe de mettre ses pensées en pratique :

L'homme n'est rien d'autre que ce qu'il se fait. [61]

Il ne sert à rien, dit Sartre, d'être insatisfait du système social et de rêver d'une autre vie si l'on ne fait rien pour engendrer les changements nécessaires. Il faut, le moment venu, avoir le courage de ses opinions et essayer de réaliser sa vision. Sinon, à la fin de sa vie, on devra s'avouer qu'on n'a pas suivi la voie qui était peut-être celle de sa vraie vocation. On se dit souvent que la vie est trop courte pour donner suite à tous les « appels de l'âme ». Mais Sartre n'est pas d'accord :

On meurt toujours trop tôt – ou trop tard. Et cependant la vie est là, terminée : le trait est tiré, il faut faire la somme. Tu n'es rien d'autre que ta vie. [62]

Nous préférons tous remettre les décisions à plus tard. Et souvent, « plus tard » veut dire « jamais ». Parce que le désir d'une vie sans soucis fait partie de la nature humaine. On n'ose pas changer de direction, voire tout recommencer, parce que nous avons peur de devoir sacrifier les petits conforts auxquels nous sommes habitués. Mais Sartre nous appelle à suivre les chemins dictés par nos désirs les plus authentiques :

> Ainsi, la première démarche de l'existentialisme est de mettre tout homme en possession de ce qu'il est, et de faire reposer sur lui la responsabilité totale de son existence. [63]

Et même si un tel chemin s'avère finalement n'être qu'un cul-de-sac, la décision d'agir est à regarder comme une sorte de victoire : mieux vaut échouer que de ne jamais rien tenter.

Le film « Zorba le Grec » exprime très bien ce principe existentialiste selon lequel la décision d'agir possède une valeur en soi. L'audacieux Zorba a convaincu son jeune ami anglais d'investir le peu d'argent qu'il possède dans une espèce de rampe, soutenue par des étais en bois, pour transporter des troncs d'arbre depuis la montagne jusque dans la vallée. Mais sous le poids des premiers troncs d'arbre, les étais se mettent à chanceler. Sous les yeux de Zorba et de son ami, toute la construction s'effondre comme un château de cartes. Le jeune anglais est ruiné. Mais la seule réaction de Zorba est de demander à son ami

À quoi nous sert aujourd'hui la découverte de Sartre ?

foudroyé : « On n'a jamais vu un effondrement aussi beau, n'est-ce pas ? » et de se mettre à danser.

Pour adopter le langage de Sartre : Zorba reste, au moment du déboire, « loyal envers lui-même », envers son « projet », et envers la défaite qui faisait partie, dès le début, de la nature essentielle de celui-ci. Bien sûr, Sartre ne veut pas pour autant faire de la défaite une vertu. Au contraire, en tant que philosophe de la liberté, il est convaincu que nous avons tous la possibilité réelle d'atteindre les buts que nous nous fixons.

Sartre était de très petite taille (156 centimètres) et souffrait, dès son enfance, d'un strabisme marqué – des traits qui ne manquèrent pas d'en faire la cible de railleries cruelles pendant toute sa jeunesse. Il n'en a pas moins décidé, dès l'âge de quatorze ans, de devenir écrivain et a poursuivi ce projet personnel avec une ténacité qui lui apporta une renommée mondiale. Cette renommée lui valut, malgré ses défauts physiques, l'amour de beaucoup de belles femmes. Il se peut que le succès retentissant de ce projet personnel de Sartre explique en partie sa décision philosophique d'accorder une telle importance à la liberté humaine.

Les recherches des psychologues du bonheur humain

soutiennent les thèses de Sartre à cet égard. Ceux qui ont changé, en prenant des risques, quelque chose dans leur vie se sentent, en général, plus heureux que ceux qui ne l'ont pas fait. Il semble donc qu'une certaine volonté de prendre des risques est à nommer parmi les facteurs qui créent le bonheur humain. Et même si le « courage d'oser » ne mène, comme dans le cas de Zorba, qu'à la catastrophe, on peut toujours, dit Sartre, repenser sa stratégie et oser encore une fois. Cette expérience de « devoir tout repenser » est en effet une expérience que Sartre a dû faire à plusieurs reprises dans sa vie.

Ne pas hésiter à changer sa façon de penser

On ne peut pas affirmer que Sartre, dans sa longue carrière intellectuelle, ne s'est jamais « trompé de chemin ». En tant qu'intellectuel de gauche, il a lutté contre les injustices sociales et sympathisé avec le Parti communiste. Il a rendu quelques visites, hautement médiatisées, en Union Soviétique et, à une époque, a même donné son soutien à la politique stalinienne des purges – une décision qu'il a profondément regrettée par la suite.

En pleine guerre froide, la position solidaire que Sartre a adoptée à l'égard de l'URSS stalinienne a causé une dispute avec son ami Albert Camus. Camus, la deuxième « éminence » de l'existentialisme, publia, en 1952, une critique passionnée de la politique soviétique des purges, dénonçant l'emprisonnement et le meurtre par Staline de milliers de ses opposants politiques. Les camps de travail dans lesquels on jeta ces opposants politiques étaient, dit Camus, indéfendables et prouvaient que l'URSS n'était rien d'autre qu'une dictature.

Sartre opposa une contre-critique véhémente à tous ces propos anti-soviétiques de son ancien allié politique. Staline et les autres dirigeants de l'URSS, argumenta-t-il, n'avaient pas d'autre choix que de prendre de telles mesures. Elles étaient nécessaires pour défendre leur révolution contre les forces réactionnaires qui voulaient la détruire. Sartre condamnait les « camps de rééducation » mais insistait que – à la différence de l'avenir sombre qu'il prévoyait pour le monde capitaliste – on pouvait s'attendre à long terme à un développement socialiste et humaniste en URSS. Alors que Camus mettait sur le même plan les injustices commises dans les pays socialistes et celles commises dans les pays capitalistes, Sartre appelait plutôt à « faire une distinction entre deux maîtres différents ». Le socialisme, soutenait-t-il, offrait l'espoir de mettre fin à l'oppression partout dans le monde ; tous ceux qui partageaient cet espoir devraient donc s'abstenir de toute critique de l'URSS, puisque celle-ci était le principal soutien du projet socialiste à l'échelle mondiale. Ce différend entre Sartre et Camus aboutit à une polémique violente dans les pages de la revue de Sartre, « Les Temps Modernes ».

Sartre y reprocha à Camus de trahir, avec sa critique du « socialisme réellement existant », l'idéal même d'une société plus juste. La « philosophie de l'absurde » qui était la forme camusienne de l'existentialisme impliquait, dit Sartre, un aveuglement total à l'égard de l'aspect historique de la réalité ; et qui était aveugle à l'histoire, poursuivit-il, était incapable de classer les événements politiques et à plus forte raison incapable de les comprendre. Camus, de son côté, reprocha à Sartre de se servir du principe : « la fin justifie les moyens » pour conférer une légitimité spécieuse à des massacres brutaux. Un mouvement révolutionnaire bâti sur les cadavres de millions de personnes ne peut jamais être légitime, argumenta Camus, parce que la dignité humaine n'est jamais à réaliser au moyen d'actes qui se moquent de cette dignité ; le marxisme de Sartre, poursuivit-il, était une doctrine de salut terrestre qui pardonnait toutes les horreurs du présent au nom d'un avenir parfait encore à construire ; il était devenu un dogme inébranlable pour Sartre, lui reprocha Camus, que « la vérité ne peut jamais se trouver qu'à gauche ». La polémique était marquée d'une telle violence personnelle qu'elle mit fin à tout contact entre les deux amis de longue date.

Quelques années plus tard, en novembre 1956, lorsque les chars soviétiques écrasèrent l'insurrection du peuple hongrois, Sartre se rendit compte de son erreur. Il abjura sa position pro-soviétique, condamna le régime stalinien, et se distancia du Parti communiste. Il n'y a pas de doute qu'une telle palinodie ne fut pas facile pour lui. Mais Sartre était toujours prêt à adapter ses idées à de nouveaux développements. À l'âge de soixante-dix ans, dans un entretien accordé à son jeune ami Michel Contat, il réitéra sa conviction que les erreurs font partie de la vie :

> L'important pour moi, c'est que ce qui était fait pour être fait l'a été. Bien ou mal, peu importe ; mais en tout cas j'en ai tâté. [64]

En répondant à la question : « À quoi nous sert la philosophie de Sartre aujourd'hui ? », il ne faut peut-être pas laisser hors de considération cette capacité admirable du grand existentialiste de changer sa façon de penser et de réviser même les idées qu'il avait déjà associées à son nom.

Le personnel est politique – le courage d'intervenir

Le slogan « le personnel est politique » fait penser peut-être aujourd'hui, plutôt qu'à l'existentialisme de Sartre, à cette « deuxième vague féministe » qui doit une grande partie de sa substance intellectuelle aux idées de sa compagne philosophique Simone De Beauvoir. Mais la philosophie du partenaire mâle de ce couple philosophique renommé se laisse également résumer – au moins sous l'un de ses aspects – comme une exposition des conclusions politiques qu'il est possible de tirer de la structure des décisions qui sont, à première vue, des choix « privés » qui ne regardent que l'individu.

À quoi nous sert aujourd'hui la découverte de Sartre ?

L'existentialisme est un humanisme. [65]

Dans la conférence qui porte ce titre, Sartre défend la thèse qu'on ne peut pas être existentialiste sans se soucier aussi du sort de toute la société dans laquelle on existe. Cette conférence de 1945 était une « défense » au sens le plus concret : à savoir une défense de l'existentialisme contre l'accusation, lancée par les marxistes, que celui-ci était une pseudo-philosophie immorale où il ne s'agissait que d'encourager l'individu à approfondir ses obsessions personnelles et privées. Pour beaucoup de marxistes de l'après-guerre, il semblait qu'une philosophie qui se centrait sur un individu absolument libre et sur les « projets » de celui-ci n'était pas à concilier avec l'idée d'une « conscience de classe », ni avec celle d'une action sociale solidaire, ni même avec celle d'une capacité élémentaire de partager la souffrance d'autrui. La conférence de 1945 visait à corriger cette interprétation hostile de l'existentialisme :

> Et quand nous disons que l'homme est responsable de lui-même, nous ne voulons pas dire que l'homme est responsable de sa stricte individualité, mais qu'il est responsable de tous les hommes [...]. Choisir d'être ceci ou cela, c'est affirmer en même temps la valeur de ce que nous choisissons [...]. [66]

Nos choix et actions quotidiens créent une image de nous-mêmes. Un individu qui choisit de conduire une voiture qui consomme 20 litres, de porter des fourrures faites de peaux d'espèces en voie de disparition et qui, en spéculant sur les devises, contribue à déstabiliser des économies nationales entières – un tel individu révèle quelque chose de lui-même à travers ses projets personnels dont il reste responsable. Comme un peintre, nous ajoutons, à chaque nouveau choix, à chaque nouvelle décision, un petit coup de pinceau à cette « image d'une vie ». Et cette « image d'une vie » – positive ou négative – que nous vivons devant les yeux de nos enfants, nos amis et nos connaissances, n'est jamais sans conséquence :

> Si [...] nous façonnons notre image, cette image est valable pour tous et pour notre époque tout entière. Ainsi, notre responsabilité est beaucoup plus grande que nous ne pourrions la supposer, car elle engage l'humanité entière. [67]

C'est pourquoi tous les engagements d'un individu – même ceux qui semblent ne se rapporter qu'à sa « sphère privée », comme la manière dont il choisit d'élever ses enfants ou la décision de trier ou de ne pas trier ses déchets – ont une importance qui s'étend bien au-delà de cette « sphère privée ». C'est à l'« engagement » pris dans ce sens très large que Sartre pense quand il parle de la nécessité de vivre une vie « engagée ». Il ne se réfère pas seulement à la décision de s'affilier à un parti politique, à un syndicat, ou à une autre organisation du genre. L'« engagement » dont Sartre parle souvent, particulièrement dans les écrits de la maturité, comprend également les décisions et les actions privées et individuelles, puisque celles-ci, dans leur ensemble, exercent une influence décisive sur la société :

En conséquence, tout projet, quelque individuel qu'il soit, a une valeur universelle. [68]

Sartre était d'avis que chaque individu devait, en raison de sa liberté, jouir de la capacité de contribuer, chacun(e) de sa manière propre et personnelle, au progrès et au bien-être de la société entière. Parce que tout acte de « se projeter dans l'avenir », même celui qui a l'air le plus particulier et privé, change le monde et lui donne sa signification. Il ne peut s'agir, bien sûr, d'une signification que l'individu peut s'attendre à recevoir, toute faite, des mains d'un Dieu quelconque, ou d'une idéologie, ni même d'une science. Parce que – pour réitérer la pensée centrale de Sartre – notre existence ne se fonde, en dernière analyse, sur rien. Et ceci veut dire qu'il n'y a rien, ni personne, qui puisse nous délester de la tâche de donner une signification à notre vie individuelle. C'est la tâche

À quoi nous sert aujourd'hui la découverte de Sartre ?

à laquelle Sartre nous exhorte encore une fois, sur un ton très personnel, vers la fin de sa conférence « L'Existentialisme Est un Humanisme » :

> [...] La vie n'a pas de sens a priori. Avant que vous ne viviez, la vie, elle, n'est rien, mais c'est à vous de lui donner un sens. [69]

Index des citations

1. Jean-Paul Sartre, L'Existentialisme Est Un Humanisme, Les Editions Nagel (Collection "Pensées") Paris, 1970, p. 37.
2. Ibid. p.22.
3. Ibid. p. 24
4. Jean-Paul Sartre, L'Être et Le Néant, Editions Gallimard, 1980, p. 589.
5. Ibid. p. 415
6. Ibid. p. 413
7. Ibid. p. 60
8. Jean-Paul Sartre, L'Existentialisme Est Un Humanisme, Les Editions Nagel (Collection "Pensées") Paris, 1970, p. 55.
9. Jean-Paul Sartre, L'Être et Le Néant, Editions Gallimard, 1980, pp. 622-623.
10. Jean-Paul Sartre, L'Existentialisme Est Un Humanisme, Les Editions Nagel (Collection "Pensées") Paris, 1970, p. 37.
11. Jean-Paul Sartre, L'Être et Le Néant, Editions Gallimard, 1980, p. 552.
12. Ibid. p. 528.
13. Ibid.
14. Jean-Paul Sartre, L'Existentialisme Est Un Humanisme, Les Editions Nagel (Collection "Pensées") Paris, 1970, pp. 74-75.
15. Jean-Paul Sartre, L'Être et Le Néant, Editions Gallimard, 1980, p. 60.
16. Jean-Paul Sartre, L'Existentialisme Est Un Humanisme, Les Editions Nagel (Collection "Pensées") Paris, 1970, p. 78.
17. Ibid. p. 21.
18. Ibid. p. 23
19. Jean-Paul Sartre, L'Être et Le Néant, Editions Gallimard, 1980, p. 32.
20. Ibid. p. 555.
21. Ibid. p. 518.
22. Ibid. p. 556.
23. Jean-Paul Sartre, L'Existentialisme Est Un Humanisme, Les Editions Nagel (Collection "Pensées") Paris, 1970, p. 55.
24. Jean-Paul Sartre, L'Être et Le Néant, Editions Gallimard, 1980, p. 555.
25. Ibid. p. 556.

26 Jean-Paul Sartre, Baudelaire, Editions Gallimard (Collection Folio Essais), Paris, 1994, p. 19.
27 Jean-Paul Sartre, L'Être et Le Néant, Editions Gallimard, 1980, p. 528.
28 Ibid. p. 67.
29 Ibid. p. 71.
30 Ibid. p. 64.
31 Ibid. p. 65.
32 Ibid. p. 64.
33 Ibid. p. 79.
34 Ibid. p. 71.
35 Ibid. p. 495. (Cette locution de forme plutôt allemande que française, « est été », s'explique par la dette que la philosophie de Sartre doit à la philosophie allemande des 19ème et 20ème siècles et avant tout à Hegel, qui parle d'un « Wesen, was gewesen ist »).
36 Ibid. p. 300.
37 Ibid. p. 301.
38 Ibid.
39 Ibid.
40 Ibid. pp. 305-306
41 Ibid. p. 336.
42 Ibid. p. 413.
43 Ibid. p. 314.
44 Ibid.
45 Ibid. p. 336.
46 Ibid. p. 415.
47 Ibid. p. 420.
48 Ibid. p. 418.
49 Ibid. p. 421.
50 Ibid. p. 416.
51 Ibid. pp. 425-6
52 Ibid. p. 427.
53 Ibid. p. 413.
54 Jean-Paul Sartre, L'Existentialisme Est Un Humanisme, Les Editions Nagel (Collection "Pensées") Paris, 1970, p. 22.
55 Jean-Paul Sartre, Situations IX, Gallimard, Paris, 1972, pp. 101-102 (réédition d'un entretien en anglais: Itinerary of a Thought, New Left Review no. 58, Nov.-Dec. 1969)
56 Ibid.

57 Jean-Paul Sartre, L'Être et Le Néant, Editions Gallimard, 1980, p. 589.
58 Jean-Paul Sartre, L'Existentialisme Est Un Humanisme, Les Editions Nagel (Collection "Pensées") Paris, 1970, p. 58. (Dans ce passage de sa conférence philosophique de 1946, Sartre philosophe cite Sartre écrivain littéraire; la phrase est prononcée par le personnage Inès dans sa pièce de théâtre de quelques années avant, Huis Clos).
59 Jean-Paul Sartre, L'Être et Le Néant, Editions Gallimard, 1980, p. 528.
60 Simone de Beauvoir, La Force de l'Âge, Editions Gallimard NRF, 1960 (1986), pp. 26-27.
61 Jean-Paul Sartre, L'Existentialisme Est Un Humanisme, Les Editions Nagel (Collection "Pensées") Paris, 1970, p. 22
62 Jean-Paul Sartre, Huis Clos, Editions Gallimard, 1947 (2000)
63 Jean-Paul Sartre, L'Existentialisme Est Un Humanisme, Les Editions Nagel (Collection "Pensées") Paris, 1970, p. 24.
64 Jean-Paul Sartre, Auto-Portrait à Soixante-Dix Ans, Entretien avec Michel Contat, dans Situations X, Editions Gallimard, Paris, 1976, p. 153.
65 Jean-Paul Sartre, L'Existentialisme Est Un Humanisme, Les Editions Nagel (Collection "Pensées") Paris, 1970, passim.
66 Ibid. pp. 24-25
67 Ibid. p. 26.
68 Ibid. p. 69.
69 Ibid. p. 89.

Déjà paru dans la même série:

Walther Ziegler
Camus en 60 minutes
1ère èdition janvier 2019
84 pages, Poche, € 9,99
ISBN 9782-3-2210-973-9

Walther Ziegler
Freud en 60 minutes
1ère èdition janvier 2019
88 pages, Poche, € 9,99
ISBN 9782-3-2210-969-2

Walther Ziegler
Hegel en 60 minutes
1ère èdition janvier 2019
124 pages, Poche, € 9,99
ISBN 9782-3-2210-965-4

Walther Ziegler
Kant en 60 minutes
1ère èdition janvier 2019
148 pages, Poche, € 9,99
ISBN 9782-3-2210-962-3

Walther Ziegler
Marx en 60 minutes
1ère èdition janvier 2019
104 pages, Poche, € 9,99
ISBN 9782-3-2210-967-8

Walther Ziegler
Nietzsche en 60 minutes
1ère èdition janvier 2019
152 pages, Poche, € 9,99
ISBN 9782-3-2209-114-0

Walther Ziegler
Platon en 60 minutes
1ère èdition janvier 2019
104 pages, Poche, € 9,99
ISBN 9782-3-2210-956-2

Walther Ziegler
Rousseau en 60 minutes
1ère èdition janvier 2019
104 pages, Poche, € 9,99
ISBN 9782-3-2210-960-9

Walther Ziegler
Sartre en 60 minutes
1ère èdition janvier 2019
116 pages, Poche, € 9,99
ISBN 9782-3-2210-971-5

Walther Ziegler
Smith en 60 minutes
1ère èdition janvier 2019
100 pages, Poche, € 9,99
ISBN 9782-3-2210-958-6

À paraître dans la même série:

Walther Ziegler
Adorno en 60 minutes

Walther Ziegler
Arendt en 60 minutes

Walther Ziegler
Habermas en 60 minutes

Walther Ziegler
Foucault en 60 minutes

Walther Ziegler
Heidegger en 60 minutes

Walther Ziegler
Hobbes en 60 minutes

Walther Ziegler
Popper en 60 minutes

Walther Ziegler
Rawls en 60 minutes

Walther Ziegler
Schopenhauer en 60 minutes

Walther Ziegler
Wittgenstein en 60 minutes

Auteur:

Walther Ziegler est professeur d'université et docteur en philosophie. En tant que correspondant à l'étranger, reporter et directeur de l'information de la chaîne de télévision allemande ProSieben, il a produit des films sur tous les continents. Ses reportages ont été récompensés par plusieurs prix. En 2007, il prit la direction de la « Medienakademie » à Munich, une Université des Sciences Appliquées et y forme depuis des cinéastes et des journalistes. Il est l'auteur de nombreux ouvrages philosophiques, qui ont été publiés en plusieurs langues dans le monde entier. Dans sa qualité de journaliste de longue date, il parvient à résumer la pensée complexe des grands philosophes de manière passionnante et accessible à tous.